‖‖‖‖‖‖‖‖‖‖‖‖‖‖‖‖‖‖‖‖

KB159112

_____님께 드립니다.

_____년 _____월 _____일

_____

살아있으니
살만합니다

삶이 우리를 한없이 흔들어도

살아있으니
살만합니다

초판 1쇄 발행 2022년 12월 2일
초판 2쇄 발행 2022년 12월 12일

지은이 최종천

펴낸이 김찬희
펴낸곳 끌리는책

출판등록 신고번호 제25100-2011-000073호
주소 서울시 구로구 연동로 11길 9, 202호
전화 영업부 (02)335-6936 편집부 (02)2060-5821
팩스 (02)335-0550
이메일 happybookpub@gmail.com
페이스북 www.facebook.com/happybookpub/
블로그 blog.naver.com/happybookpub

ISBN 979-11-87059-83-7 03190
값 18,000원

삶이 우리를 한없이 흔들어도

살아있으니
살만합니다

최종천 지음

끌리는책

살만할 때까지,
끝까지 살아봅시다

어느새, 벌써,

삶의 시간은 흘렀고 쌓였고,

그 시간만큼 생각하고 행동하면서

삶의 논리가 생겼습니다.

촛불 하나 바라보고 감사하며

그 아래 모여 갖은 일 하며 살아왔습니다.

별 돌아볼 것도 없는 평평한 듯한 삶이었어도,

가슴에 남은 것이 있어 참 행복했고 기뻤습니다.

그러나 편안하지만은 않았습니다.

삶은 언제나 바람 부는 언덕이었고,

파도 없는 날 드문 바다였습니다.
한바탕 웃기 위해서는 꼭 한바탕의 눈물 뿌림이 있었고,
결혼 주례를 서고는 뒤돌아서서 바로 장례식에 가야 했습니다.
웃음과 목멤에 진심을 담아야 했기에
마음 정갈히 하기도 쉽지 않았습니다.

던져진 수많은 돌멩이와 부유물을 서서히 적시고
바닥에 가라앉혀 품는 태고의 호수는,
위용 있는 고요의 존엄으로 여겼으나
그저 늘 동경만 하였습니다.

사정없이 바람 불던 날, 창문 넘어 키큰 거리나무들이
거의 90도로 휘어져 한없이 휘둘리는 모습을 보며,
가슴 아파하던 내 모습을 투영하니
쉽지 않은 삶의 형상들이 더 짙게 다가왔습니다.

어차피 삶은 장강입니다.
피할 수 없고, 뛰쳐나가 보아야
그 자리에 마른 부스러기 되고 흩어지는 먼지가 될 뿐입니다.
흐르는 대로 실려 갈 뿐입니다.
산천경개 보고, 생각하고, 그리움 전하고, 품어 사랑하고,

아끼고 사는 것이 길입니다.

외로워도, 고독해서 숨이 막혀도,

사는 것이 죽는 것보다 힘들다 생각해도,

그냥 다 잊고 싶고, 스르르 녹아 형체조차 사라지고 싶어도,

그래도

우리는 발견되고 내게 주어질 가치와 의미를 위해

살아있어야 합니다.

살아있다면 살아야 하고,

반드시 살아서 역사에 전할 무엇인가

이야기를 남겨야 한다고 생각했습니다.

벌건 주변 풍광 사이로 눈썹만큼 보이다가

한순간에 올라오는 태양의 빛은

순간에 세상을 압도합니다.

어느 날 문득 주어질 것입니다.

어느 날 문득,

무엇인가에, 누군가에게 손 이끌려

살만한 세상을 걷고 있을 것입니다.

끝까지 살아봅시다. 정말 끝까지 살아봅시다.

죽을 것 같아도 숨 몰아쉬어 심호흡하고,
살만할 때까지 끝까지 살아봅시다.

그 끝에서 다시 꿈을 볼 것입니다.
망가진 줄 알았으나 어느새 이미 완성되어 있는,
그 꿈의 정원 앞에 서 있을 것입니다.
살아있기를 잘했다 스스로에게 말하고,
다른 이에게도 말하게 될 것입니다.

그 끝에 서 있는, 내 꿈, 내 가치, 내 삶의 의미,
그리고 안 보이다가 확연히 보이는
주님의 모습도 보게 될 것입니다.

이왕 살려면 잘 살고, 다부지게 마음먹고 일어서고,
인생 사랑하고, 무엇인가 주고,
사람들이 그 그늘에 쉬어가고, 꿈을 꾸며 회복하고
추억으로 힘을 얻게 하는 큰 나무 됩시다.

2022년 먼산 뭉게구름 가을 하늘 바라보며

최 종 천

차례

2장

인생이라는 길 위에서

3장

봄여름가을겨울 그리고 당신

4장

내 인생 최고의 때는 지금

5장

믿음으로 산다는 것

1
장

하늘 볼 수 있어
감사한 삶

하늘 아래 살고, 하늘을 볼 수 있는 것만 해도 감사한데,
이 세상에 감사하지 않을 것이 무엇 있겠나 싶습니다.

● 강

인생은 굽이쳐 흐르는 강과 같습니다.
때로는 편안히 흐르기도 하고,
굽이를 만나거나 여울목을 만나면 소리치며 격렬히
흐르기도 합니다.

그러나 긴 강은 흐르고 또 흘러 평안을 찾게 될 것입니다.
그 강물을 멀리서 보는 사람들에게는 평안을 주고,
가까이서 보는 사람들에게는 흐르는 모습과 소리에
무엇인가 생각을 줄 것입니다.

어떤 이물질을 던져도 그 모든 것을 품고 가는 강물처럼,

우리도 사람 만나 사랑하고 미워하며,

일을 만나 기뻐하고 실망하며,

자신의 성품에 감격하고 회의하지만,

그래도 흐르는 강물이 멈추지 않고 흘러가는 것처럼

흐르고 흘러갈 것입니다.

삶의 빛나는 결정체는 고뇌와 부딪침과 갈등 속에

정제될 것입니다.

마음의 평안은 긴 밤 부대끼고 난 다음 찾아옵니다.

사랑하고 미워하는 것도,

좋아하고 싫어하는 것도 같은 것입니다.

우리는 모두,

결국 기대나 두려움을 가지고

이웃에게 인사하고 떠날 것입니다.

행복한 이들은 기대하는 마음으로

삶의 모든 것에 인사하고 떠날 것이고,

불행한 이들은 두려운 마음으로

삶의 모든 것에 인사하고 떠날 것입니다.

삶은 때때로 춥기도 하고 덥기도 합니다.
하지만 우리는 살아남아서,
그 모든 것을 단순한 삶의 느낌 중 하나로 여길 것입니다.

내린 빗방울이 하늘 정수리에서부터 흘러 강이 되고,
그것이 흐르고 흘러서 온 대지를 적시고 풍요를 누리듯이
삶의 평가를 뒤로 하고 우리는 오늘도 흘러 흘러,
제 갈 길을 가고 대지를 적시면 됩니다.

자기 삶의 길을 너무 아파하지 말고,
강물이 흐르는 것처럼 그냥 흘러가 봅시다.
가다 보면 닿을 곳이 있을 것이고,
가다 보면 그냥 흐르는 줄만 알았는데
이미 들판에는 이룬 것들이 물결칠 때가 있을 것입니다.

● 늘 새로운
느낌

아침에 일어나 어슴푸레한 창밖을 보면, 늘 느끼는 새로움이 마음에 와닿습니다. 문 열고 아침 공기 마주하면, 언제나 새롭게 다가오는 차가움이 턱밑을 서늘하게 합니다. 불 켜고 새벽기도 오는 성도들 바라보면 매일 보던 얼굴들이 또 새로워 보입니다.

내려와 책상에 앉으면 늘 대하는 일들이 새롭게 의욕으로 와닿습니다. 아침 식사를 대할 때마다 늘 먹던 음식이 새로운 맛으로 느껴집니다. 매일 보는 아이들인데, 바라볼 때마다 새로운 기대를 하게 됩니다. 늘 바라보는 것들이 언제나 새롭게 느껴진다면, 그것은 건강한 삶일 것입니다.

매년 오는 가을이 새롭게 감동으로 느껴진다면 그것은 행복입니다. 작년에 바라보았던 물든 잎이 올해 또 새롭게 느껴진다면, 우리 삶은 아름다운 것입니다. 싸늘한 가을 아침이 무덤덤하지 않고 새로운 감상으로 와닿는다면, 더 살아야 할 것입니다. 떨어져 굴러다니는 낙엽을 보고 가슴이 따뜻해진다면, 받을 복이 많으니 기대해도 됩니다. 늘 대하는 삶의 일상에서도 새로움과 따스함을 느낀다면, 우리는 복이 많은 사람입니다.

어디론가 가고 싶고,
누군가 만나고 싶고,
무엇인가 하고 싶고,
무엇이든 주고 싶고,
누가 됐든 나누고 싶다면,
그 삶은 아직 살만합니다.
가슴 따스한 소망과 의욕이 있는 삶은
내일을 기다려도 좋습니다.

단풍잎 하나 주워 선물하려고 합니다. 그런데 "이게 뭐야!"라고 하지 않고 "예쁘다!"라고 말한다면, 그런 사람하고는 아직도 함께 살아야 할 이유가 있습니다.

하늘 볼 수 있어
감사한 삶

하늘을 무척 좋아합니다. 어렸을 적에 어른이 되면 지붕을 유리로 덮는 집을 짓겠다고 다짐했습니다. 팔 베고 드러누우면 지붕을 통해 하늘이 보일 것으로 상상했습니다.

낮에는 구름과 코발트 색 먼 공간이 보이고,
밤에는 캄캄한 어두움 속에 별이 보이겠지요.
흐린 날은 회색 하늘의 웅크림을 볼 것이고,
비 오는 날은 우두둑거리며 쏟아지는 빗방울 소리와
얼굴 위로 쏟아지는 듯한 비의 감격을 느낄 것입니다.
바람 부는 날은 흐트러지는 물상 속에 바람을 볼 수 있고,
눈이라도 오는 날이면 얼마나 환희롭겠습니까.

그런데 유리로 지붕을 덮으면 그 위에 먼지나 이물질이 덮여 깨끗한 하늘을 볼 수 없다는 사실을 나이 들어 알게 되었습니다. 어디선가 날아와 덮인 먼지와 찌끼 때문에 뿌연 하늘과 조각구름만 볼 수 있을 뿐입니다.

무엇인가 더 알아간다는 일은 꿈을 잃게 되는 시작일 수 있습니다. 그렇다고 낙심하지 않고, 그저 단순한 사실로 받아들인다면, 만물의 모습과 인생은 사랑을 나누기에 충분한 대상입니다.

하늘을 볼 때마다 편안해집니다. 끝이 없어서, 넓어서, 마냥 품길 수 있어서, 많은 이야기와 상황을 보면서도, 언제나 그 모습으로 그만큼 있어서 좋습니다. 하늘 아래 살고 있다는 것이 그렇게 마음 뿌듯할 수 없습니다. 그 넓은 공간을 마음대로 내달을 수 있는 자유로움이 있어서입니다.

눈 뜨면 하늘을 볼 수 있다는 것이 너무 감사합니다. 그 많은 변화를 쳐다보면 종일 심심하지 않습니다. 하늘 아래 살고, 하늘을 볼 수 있는 것만 해도 감사한데, 이 세상에 감사하지 않을 것이 무엇 있겠나 싶습니다.

● 소리

물에 잠기면 물소리가 들립니다.
바람에 몸을 맡기면 바람 소리가 들립니다.
숲에 취하면 숲 소리가 들립니다.
고요 속에 묻히면 침묵의 소리가 들립니다.

사랑하면 마음의 소리가 들립니다.
기대하고 바라보면 소망의 소리가 들립니다.
기다리고 기다리면 희망의 새싹 트는 소리가 들립니다.

물소리
바람 소리

숲 소리
침묵의 소리
마음의 소리
소망의 소리
새싹 트는 희망의 소리

이제는 더 이상 소음 속에 살지 않고, 의미 있는 소리에 묻히기를
기대합니다. 바람결에 들리는 소리에 낙심하거나 분노하지 않고,
마음이 따뜻해지고, 용기가 나고, 또다시 마음 끈 매고 달려가길
기대합니다. 푸근해진 마음에 더 사랑하고 싶고, 더 나누고 싶고,
더 베풀고 싶어지길 기대합니다.

이제는 우리가 내는 소리도 소음이 되지 않기를 바랍니다. 우리
가 내는 소리 하나하나가 아름다운 소리가 되기를 희망합니다. 위
로하고, 격려하고, 사람을 세우고, 기쁨을 이루게 하고, 꿈을 꾸게
하기 바랍니다. 우는 사람 웃게 만들고, 상심해 우울한 사람은 기
대하고 대문을 나설 수 있기를 바랍니다.

🌑 큰 나무

마을 어귀나 산 입구에 서면, 수백 년 지난 큰 나무를 볼 때가 있습니다. 세월의 풍상에 찢기고, 벌레 먹고, 썩은 부분이 많이 있습니다. 대부분 성치 못합니다. 벼락 맞아서 떨어져 나가고, 사람들의 가해로 상처 입고, 이리저리 고통의 흔적을 지니고 있습니다.

그러나 하늘 향해 솟은 높이와 그 그늘의 범위를 확장해주는 넓게 퍼진 가지들, 굵게 자리 잡은 밑동과 솟구쳐 밖으로 드러난 거대한 뿌리는 범상치 않은 세월의 흐름을 이겨낸 힘과 의연함을 보여줍니다. 나무 한 그루가 그 일대의 풍광을 바꾸고, 푸근한 추억과 아련한 옛이야기를 떠올리게 합니다.

나무 밑에서 다졌던 마음의 다짐.

나무 그늘에 쉬며 놀았던 어린 시절의 흐뭇한 옛 그림.

그 나무 위에 올라가 가지를 흔들기도 했고,

누가 더 높이 올라가나 담력을 시험했던 흑백의 필름.

그 큰 나무는 모두의 마음에 지워지지 않는 추억의 사진틀입니다.

나뭇잎 달고 있는 무성한 여름뿐 아니라,

가지만 앙상해 그 사이로 하늘이 보이는 겨울철까지도,

큰 나무는 언제나 그 자리에 서서

모두에게 삶을 이야기하고 있습니다.

화가 나도, 속상해도, 몸이 아프고 마음조차 아파도, 인정받지 못해도, 억울한 것 같아 잠이 오지 않아도, 실망스러워 모든 것을 그만두고 싶어도, 무능하다고 여겨도, 그 자리에 오래 있었더니, 그냥 그 자리에 오래오래 있었더니, 세월의 흐름 속에 큰 나무가 되었습니다.

● 의자

산길 가다 보면 때로 의자 하나가 놓여 있습니다. 숨 가쁘게 올라가다 좀 쉬었으면 하는 곳에 덩그러니 자리 잡고 있습니다. 굵은 둥지의 나무를 반으로 갈라 만든 자연의 모습 그대로입니다. 아무 말 하지 않아도, 누구든 그냥 앉아 쉬어갑니다. 그리고는 또 슬며시 일어나 갈 길을 갑니다.

다른 사람도 지나가다 쉬고, 또 떠납니다. 그 의자는 여전히 그 자리에 우두커니 있습니다. 비가 오면 젖고, 눈이 오면 그 위에 덮인 눈에 앉지 못하고 지나치기도 합니다. 그러나 섭섭해하지 않습니다. 햇살 나서 눈 녹고, 따스함과 바람에 젖은 나무 마르면, 누군가 또 앉겠지요.

무슨 소리를 들어도 묵묵히 있을 뿐이고, 어떤 무거운 것을 올려 놓아도 담담히 있을 뿐입니다. 그러나 세월 지나 비바람에 썩어지면 그 자리에서 치워지겠지요. 부슬부슬 부서져 땅에 녹아 거름이 되기도 하고, 누군가 주워다가 장작으로라도 쓰면 난로에서 주위를 따뜻하게 해주다가, 재가 되어 하늘로 날아가겠지요.

우리 인생, 누구나 의미 있는 삶을 살고 싶어 합니다. 그러나 때론 별것 없는 산길의 의자 같은 삶이 되어도 여한 없는 삶이 아닐까 생각합니다.

삶은 의지를 다지고 살아가야 합니다. 그러나 때로는 그냥 있는 그대로, 서 있는 그 자리에서 주고, 주다가 가는 것도 한 의미일 것입니다.

우두커니 이슬 맞으며 밤새 기다리다, 아침 맞아 산을 오른 이에게 잠시 쉼을 주고, 때로는 분주하고, 때로는 한가해도, 그냥 그 자리에 서 있어 오가는 이의 이정표가 되는, 산길에 놓인 의자를 바라봅니다.

● 생각

새벽기도회 마치고 이것저것 해야 할 일 하고 있었습니다. 오늘은 생뚱맞게, 풋고추에 밀가루를 씌워 양념간장 뿌려 버무린 음식 생각이 났습니다. 옛날 음식이고, 어머니가 해주시던 음식입니다. 이제는 먹어본 적이 아득한….

눈물이 핑 돌았습니다. 왜 그런지 눈물이 펑펑 쏟아졌습니다. 제가 그렇게 어머니 마음 상심케 해드렸던 적은 없는 것 같은데, 그런데도 이렇게 문득 어머니 생각이 나면 왜 이리 눈물이 나는지 모르겠습니다.

어머니 가신 지 벌써 여러 해가 지났습니다. 가끔, 아주 가끔 이렇게 난데없이 생각이 납니다. 이럴 때마다 '어머니는 나를 늘 자랑스럽게 여기셨는데'라고 생각하며 위로를 받습니다. 어머니 모시고 해외여행이라도 두어 번 다녀오고, 맛집이라도 더 다녀볼 걸 하는 안타까운 마음이 있습니다.

제집에 함께 사셨지만, 그때는 제가 늘 분주하고 시간이 없었습니다. 언제나 일이 먼저였고, 약간의 시간이라도 나면 아이들이 우선이었습니다. 마음먹으면 언제고 갈 수 있었는데, 언제 한번 기회 만들어야지 하고 생각했는데…. 그렇게 저렇게 시간만 흘러갔습니다. 식사라도 밖에서 모시려고 하면, 열에 여덟 번은 "나는 나가기 싫다. 너희들끼리 다녀와라." 하셨습니다.

제 마음이 조금이라도 따뜻하다면, 그것은 어머니 마음이 따뜻해서입니다. 제 마음에 조금이라도 배려의 마음이 있다면, 그것은 어머니 마음이 그러해서입니다. 제 마음이 강하다면, 그것도 어머니의 영향입니다. 부끄러운 부모는 이 세상에 아무도 없습니다. 늙고 병들고 판단력 흐리고 쇠약하실수록, 그러한 부모님 잘 모시는 분은 그 인격과 마음 씀이 더욱 빛나는 분입니다.

● 통증

어느 날 갑자기 통증이 생기고 아프기 시작합니다. 그때 우리는 이렇게 말합니다. "아니 여태껏 멀쩡했는데 갑자기 아프기 시작했어." 그런데 그 말 그대로 여태껏 멀쩡했다가 어느 날 조금 아프기 시작하더니, 그야말로 시름시름 깊어지면서 얼마 지나서는 완전한 환자가 되어버립니다.

그때 우리는 너무 억울하고 황당합니다. 여태까지 잘 지내다가 하루아침에 이게 무슨 재앙인가 걱정합니다. 하지만 따지고 보면 그것은 하루아침의 재앙이 아닙니다. 여태까지 멀쩡했던 것이 아니라, 아픔을 느낄 때까지 통증의 요인이 조금씩 조금씩 쌓이고 있었던 겁니다. 다만 그것이 인지되기까지 시간이 걸리기 때문에 우리는 멀쩡했다고 생각합니다. 어느 순간 느끼는 통증은 갑자기 생긴 것이 아닙니다. 누적됐던 것이 선을 넘은 것입니다. 그러다 보니 당연히 악화될 수밖에 없습니다.

며칠 만에 완전한 환자가 된 것이 아니라, 여러 날에 걸쳐 환자가 된 것입니다. 한순간에 재앙이 닥친 것이 아니라, 이제껏 재앙이 닥칠 징조가 있었는데 모르고 있다가, 갑자기 그것을 느끼고 알게 됐을 뿐입니다.

우리 삶도 마찬가지입니다. 어느 날 갑자기 어려움이 닥치지는 않습니다. 다만 우리 마음과 영적 눈과 귀가 어두워 체감하지 못했을 뿐입니다. 그러다 '아무 일 없지' 하고 살다가 하루아침에 난감해집니다. 통증이 오면 이미 오래전부터 진행된 것입니다. 가볍게 여겨서는 안 됩니다. 제대로 치료해야 하고, 겸손히 받아들이며 지난날을 인정하고 새로운 각오를 다져야 합니다.

지혜로운 사람은 통증이 찾아와 순식간에 악화되도록 두기보다는, 늘 겸손히 돌아보고 예민하게 느끼며 예방하고 그것을 생활화하는 사람입니다.

● 손님

살다 보면 많은 손님을 맞이하게 됩니다. 기쁨이란 손님도 찾아오고 슬픔이란 손님도 옵니다. 건강이란 손님이 찾아와 집안에 틀을 잡고 머무르기도 하지만, 때로는 병이나 아픔이라는 손님이 찾아올 때도 있습니다. 늙음이란 손님도, 고통이란 손님도, 예기치 않았던 마음 상함이란 손님과 부담이란 손님도 찾아옵니다.

우리를 힘들게 할 손님이 찾아왔을 때, 우리는 우선 마음가짐을 편히 가져야 합니다. 마음 볶고 불편해지면 그 손님과의 관계가 어색해지면서 그 경색의 시간이 더 오래 갈 수도 있습니다.

어차피 살다 보면 이러저러한 손님 다 맞이하게 되는 것으로 생각하고, "어이쿠, 이렇게 찾아오셨군요. 먼길 오셨습니다. 들어오시지요. 쉬었다 가세요." 하며 맞아야 합니다. 그리고 잘 달래서 잠시 머물다 가도록 해야 합니다.

이때 가장 중요한 것은 손님을 맞이하는 우리의 마음가짐과 태도입니다. 흔들리지 말고 그리고 두려워할 것도 없이, 그저 오신 손님 대접해서 보낸다는 마음이어야 합니다.

부담되는 손님도 극진히 대접하면 미안해하거나 다른 도리가 없으니, "나 이제 일어남세." 하고 자리 비우고 떠날 겁니다. 그러면 "고맙습니다. 이리 잠깐 만에 편안케 해주셔서 감사합니다."라고 인사하며 보내드리면 됩니다. "다음에 또 찾아올 때는 내 마음 더 편케 해주십시오." 하는 담담한 마음이어야 합니다.

삶이란 살아갈수록 먼 이야기에서 가까운 이야기로, 다시 내 이야기가 됩니다. 체험해보지 못했던 아픔과 슬픔도 익숙하게 내 곁에 두게 됩니다. 그래도 인생이 살만한 것은, 감정과 고통 다스릴 삶의 연륜이 쌓인다는 데 있습니다.

낮아지고,
낮아져야

마음이 높아지면 불편해지고, 마음이 낮아지면 편해집니다. 내가
옳은 것 같을 때는 불편해지고, 내가 틀릴 수도 있다고 생각하면
편해집니다. 내가 실상보다 인정 못 받는다는 생각이 들면 불편해
지고, 실제보다 과분하다고 생각하면 편해집니다.

내 생각을 주장하면 불편해지고, 다른 이의 생각을 수용하면 편해
집니다. '그게 아니고'라고 하면 불편해지고, '그렇군요'라고 하면
편해집니다. 상대가 틀린 주장을 하는 것 같으면 불편해지고, 나
와 다르지만 일리가 있다고 느끼면 편해집니다.

내가 손해라는 생각이 들면 불편해지고, 내가 베푸는 거라고 생각

하면 편해집니다. 상대가 내게 동조해야 한다고 생각하면 불편하고, 내가 따라야지 생각하면 편해집니다. 오해를 풀어야 한다면 불편해지고, 내가 오해하고 있구나 생각하면 편해집니다.

상대가 야속하면 불편해지고, 내가 어리석었다고 생각하면 편해집니다. 설득하려 하면 불편해지고, 설득당해야지 하면 편해집니다. 어떤 경우에도 '내가 옳다면 옳다'고 주장하면 불편해지고, '나도 틀릴 수 있다'고 인정하면 편해집니다. 내 마음에 맞아야 할 수 있다고 생각하면 불편해지고, 배려해서 맞춰줄 수 있으면 편해집니다. 내 논리는 맞고 다른 논리는 이해 안 되면 불편해지고, 나와 다름을 인정하면 편해집니다. 상대가 도무지 이해 안 되면 불편해지고, 이해 안 되는 것을 신뢰로 받아들이면 편해집니다.

세상에는 옳다고 생각하는 것만이 전부가 아니고, 너무나 많은 요인이 어우러져서 살아갑니다. 진리는 한 줄의 명제로 완성되지 않고, 수많은 적용과 이해와 배려를 포함할 때 풍성해집니다. 수술은 잘 됐으나 환자가 쇠진해 죽었다면, 그 잘 된 수술은 의미를 찾기 어렵습니다.

이 세상에는 형식적 논리와 논리적 완전함만으로 완성되는 삶의 진리는 없습니다. 사람은 이성적인 존재이자 감성적인 존재이므

로, 논리와 그 마음을 함께 읽어야 합니다.

상대를 생각해 먼저 져주기도 하고, 내 주장을 접기도 하고, 자기 감정을 소화해 화내다 웃기도 하며, 울다가도 피식 웃어주고, 싸우다 내가 너무 심했다며 사과하기도 합니다. 내 주장이 논리적이고 옳음을 넘어 후덕하지 못했으며, 상대의 잘못을 덮어주지 못하고 드러냈음을 부끄러워하기도 합니다.

우리 삶은 시험받기로 작정하면 시험투성이고, 은혜받기로 작정하면 은혜 만발입니다. 낮아지고 낮아져야, 그래야 마음이 호수처럼 평안해집니다.

자식 노릇,
부모 노릇

아침에 부스럭거리는 소리가 나서 나가 보니, 큰아이가 어버이날 행사를 준비해놓고 있었습니다. 엄마 아빠 깜짝 놀라게 해주려고 어제 잘 감추어둔 것 같았고, 뭔가를 보여주려고 어제는 일찍 잔 것 같습니다. 감사한 마음으로 준비한 음식과 선물을 받았습니다. 아이 수준에서는 꽤 값나가는 것이라 준비한 아이를 생각하니 가슴이 아팠습니다. 저도 영락없는 아비인가 봅니다.

어느새 부모가 되었고, 아이들의 격려를 받고 말로 행동으로 그들을 기쁘게 해주어야 하는 길에 들어섰습니다. 세월 저만치에서 하루라도 부모님 기쁘게 해드리고 싶어 가슴 설레던 어린 시절이 떠오릅니다. 삶이란 흐르고 흘러 삶이 가고 간 자리에 얼굴이 바뀌어 서 있게 됩니다. 부모가 섰던 자리에 내가 서고, 내가 섰던 그 자리에 또 자식이 서서, 그 누구나 했던 비슷한 감정과 수고와 애씀이 우리의 삶을 구성하고 있습니다.

자식 노릇도 부모 노릇도, 아니 사람 노릇도 참 쉽지 않습니다. 그냥 살아지는 대로 살아서 살아지는 것이 아니라, 무엇인가 이룰 바를 이루고, 해야 할 바를 하고, 갖출 것을 갖추어야 한다면 더욱 그렇습니다. 삶에서 우리는 이루지도 못하고, 잘하지도 못하고, 갖추지도 못하는 때가 너무 많기 때문입니다.

하지만 이제까지 살았던 그 누구도 그러했듯이 우리는 그래도 잘 살아갈 것입니다. 넘어져도, 실망해도, 이기지 못해도, 다시 일어날 것입니다. 그래서 이 세상에는 그 수많은 이들이 아직 살고 있고, 어떤 지경에서도 소망을 갖고 삽니다.

이제는 이 땅에서 뵐 수 없는 어머니 아버지 생각이 종일 납니다. 그 의미가 무엇일까도 생각합니다. 자식이 되는 일도, 부모가 되는 일도 쉽지 않습니다. 하지만 서로가 얼굴 볼 수 있을 때, 한순간이라도 마음이 따뜻할 때, 사랑하고 사랑해야 합니다.

삶은 다 지나고 나면 아쉽고, 그리워 가슴 아파합니다. 부모는 그 어디서든 자식에 대해, 섭섭하고 아쉬운 일은 다 잊고 기쁘고 보기 좋은 일만 생각합니다. 가슴 아파하지 말고, 내 옆의 그 누구에게든 부모님 생각하면서, 그 마음으로 따뜻이 대합시다.

이해하며
사는 삶

어떤 사람이나 사물 혹은 상황을 볼 때, 우리는 두 가지 태도를 가질 수 있습니다. 하나는 이해하려는 태도이고, 다른 하나는 판단하려는 태도입니다. 우리는 판단하고, 점수 매기고, 평가하는 데 익숙한 삶을 살았습니다. "됐어, 아니야, 내 타입이야, 비호감이야, 그럴듯해, 도저히 못 참겠어!" 등등….

그런데 판단하고 평가하면, 내 마음에 드는 그런 사람이나 상황은 그리 많지 않습니다. 그도 그럴 것이 나와 얼굴, 성격, 모든 것이 다른 사람이 어찌 내 기호나 성향 같은 복잡한 구조와 일치할 수 있겠습니까. 삶의 상황도 그러합니다. 내가 만든 상황도 아닌데, 어떻게 내 마음에 다 맞을 수 있겠습니까.

꼭 내 마음에 맞는 사람이어야 하고, 꼭 내 마음에 맞는 상황이어야 한다면, 그 사람은 무인도에 가서 혼자 살아야 합니다. 살아가면서 삶의 행복은 판단이 아니라 이해에서 옴을 느낍니다.

한 사람을 이해한다는 것은 매우 힘든 일입니다. 하지만 온 세상을 이해하는 것과 한 사람을 이해하는 것은 같은 일입니다. 내 사고 구조를 바꾸어 그에게 맞추지 않는 한 완전한 이해는 불가능합니다. 이는 곧 자기를 부인하는 일입니다. 내 관점에서 먼저 판단하는 것이 아니라 그의 관점에서 이해해야 합니다. 그렇게 하다 보면, 우리는 우리 자신이 그동안 얼마나 편협한 삶을 살았는지 깨닫게 됩니다.

이러할 때 우리는 서서히 행복에 눈뜨게 됩니다. 결국 행복이란 다른 사람이 나에게 주는 것이 아니라 내가 나에게 주는 선물입니다. 그로 인해 다른 사람까지 행복하게 만드는 것입니다. 아내, 남편, 아들, 딸, 부모, 형제, 자매, 주변 사람들, 삶의 여러 정황…. 하나하나 이해의 심정으로 바라보면, 어느덧 내 곁에 행복의 열매가 주렁주렁 열리게 됩니다.

● 약점

사람은 누구에게나 약점, 때론 마음에 안 드는 면이 있습니다. 괜찮은 줄 알았는데, 의외로 실망스러운 때도 있습니다. 그런데 중요한 것은 그것이 그 사람이라는 사실입니다. 내가 신뢰하거나 환호하는 모습만 그 사람이 아니고, 내게 실망스럽고 피곤한 모습도 그 사람입니다.

우리가 사람을 보거나 마음에 받아들일 때, 보통은 좋아서 혹은 마음에 들어서 내 마음을 열게 됩니다. 그러나 반드시 염두에 두고 있어야 할 것은, 그것이 그 사람의 전부는 아니라는 점입니다. 사람은 누구나 기쁨과 슬픔을 겪으며 사람도, 상황도, 어떤 실체도 깨달아가게 됩니다. 그러므로 우리는 어떤 사람을 볼 때, 좋을 때도 그의 한 면이고, 마음에 안 들 때도 다만 다른 한 면임을 인정해야 합니다.

마음에 드는 때는 덧붙일 이야기가 없습니다. 그러나 마음에 안드는 순간, 또는 심히 실망스러운 순간에 바로 판단하지 말아야합니다. 그 순간은 넘기고 어느 정도 시간이 흐른 후 판단하는 것이 더 정확할 수 있습니다. "이 순간이 저 사람의 전부는 아니고, 또 지금이 이 상황의 전부는 아니다. 피곤한 면도, 피곤한 때도 있으나, 이제까지 내가 본 것 같이 좋은 면도 있다." 이러한 생각으로 그에게, 또 주어진 상황에 기회를 주어야 합니다.

그러면 의외로 시간이 지나 다시 생각할 때, "내가 그때 다 판단해버리고 끝내지 않기를 참 잘했다."라고 위안할 수 있습니다. 왜냐하면 감정적인 순간의 판단은 틀릴 가능성이 크기 때문입니다.

살다 보면, 어떤 사람이 참 피곤하게 할 때가 있습니다. 그 순간, 그 사람의 좋은 면, 또 이제까지 만나면서 나를 기쁘게 했던 일을 회상해봅시다. 그리고 잠시, 시간에 우리 마음을 묻고 판단을 뒤로 미룹시다.

시간 지나면 저절로 좋아지는 것을 보며, 피곤하게 했던 순간은 그 사람의 수많은 면모 중 한 부분이었을 뿐이고, 그 약점보다 훨씬 좋은 점이 많은 사람임을 발견하게 됩니다. 그래야 주변에 좋은 사람을 많이 두고, 나도 그 사람들 틈에서 함께 어울려 살게 됩니다.

아, 그런 것도 있구나!

구두 살 기회가 있었습니다. 저는 무엇이나 한 가지 정하면 포레스트 검프처럼 끝까지 하는 성향이 있습니다. 몇 년 전부터인지는 모르지만, 디자인이 같은 구두만 여러 켤레째 신고 있습니다. 매장에 재고가 없으면 구해 달라고 한 적도 있습니다. 이런 성향은 다른 일이나 상황에서도 비슷합니다.

처음 시작할 때는 오래오래 생각하지만, 일단 결정하면 큰 문제가 생기지 않는 한 가능하면 끝까지 가려고 합니다. 양복도 10년 이상씩 입고, 물건도 오래 쓰고, 뭐든지 오래오래 한 가지 정하면 끝까지입니다.

지난번에 구두 한 켤레를 샀는데 1년 가까이 지나도록 신을 때마다 불편했습니다. 저는 목사니까 강단에 오르락내리락해야 하고, 심방이나 식사 때 구두를 벗는 경우가 꽤 많습니다. 그런데 영 발이 편치 않았습니다. 그냥 새 구두니까 그렇겠지, 생각했습니다. 그리고 신발을 자주 벗어야 하는 자리에는 전에 신던 구두를 신고 갔습니다. 뒷굽이 한쪽으로 기울어졌지만, 신고 벗기에 편했기 때문입니다.

그러다가 새 구두를 사게 되었는데, 매장 직원이 제가 신던 치수보다 한 치수 더 큰 것을 권했습니다. 예전에 신던 구두의 치수였습니다. 방금까지 신던 구두는 당시 매장 직원이 제 발에는 한 치수 작은 것이 맞는다며 권했던 것입니다. 새 구두를 사면서 알게 되었습니다. 저는 1년 동안이나 제 발보다 한 치수 작은 구두를 신고 다닌 겁니다. 왜 그동안 그 구두가 작다는 생각을 한 번도 안 했는지 저도 의아합니다.

그래서 생각했습니다. 사람은 불편을 겪고 있으면서도 왜 불편한지 모르는 채, 그저 주어진 불편을 고통스러워하며 살고 있는 게 아닐까? 어느 날 그 원인을 알게 되고서야 비로소 그 불편에서 해방될 수 있고요.

이참에 에라 모르겠다, 신던 구두는 과감히 버리고, 편한 새 구두를 신어야겠다 결정했습니다. '내가 작은 구두를 신어서 발 아프고 머리 아픈 것보다, 구두 하나에 죽고 사는 것도 아니니 낭비라 생각 말고 과감히 포기해야겠다' 생각했습니다.

또 하나는 매장 직원이 제게 한 말입니다. "한 가지 디자인만 신지 마시고, 가끔 스타일을 바꿔보세요. 기분도 새로워지실 거에요." '나는 왜 그런 생각을 못 했을까?' '아, 그럴 수 있구나!' 하는 생각이 들었습니다. 이것저것 무엇을 골라야 하는 일이 좀 귀찮은 일입니다. 게으른 사람의 특징이라 할 수도 있겠지요. 하지만 그 말을 듣고 보니 그럴듯했습니다. 구두 하나 새로운 디자인으로 신어서 기분이 새로워진다면, 바꿀 기회가 될 때 바꾸어 새로운 분위기를 느끼는 것도 괜찮겠다는 생각입니다.

사고의 변화와 유연성에 대해 좀 더 깊이 생각해보려고 합니다. 사람들이 다 저처럼 살지 않을 테니, 저도 좀 더 다른 사람들을 이해하고 또 배려해야겠다고 결심했습니다. 목표에 관한 연구가 아닌, 그것을 이루어가는 인간에 관한 연구가 더 필요하다고 생각했습니다.

사과 두 개

아주 무더운 날, 모처럼 여유 시간이 생겨 혼자 앞산에 올랐습니다. 끝까지 가면 왕복 다섯 시간은 족히 걸을 수 있기에 작심하고 갔습니다. 물 몇 병, 1인용 돗자리 하나, 사과 두 개만 헝겊 가방에 넣고 둘러메었습니다. 10시 반쯤 나섰으니 점심 요깃거리가 필요했는데, 사과 두 개가 바로 점심 대신이었습니다.

가끔 쉴 때는 물을 한 병씩 마셨습니다. 야트막한 앞산이지만 걷다 보니 땀이 물 흐르듯 흘렀습니다. 기분이 상쾌해지고, 생각도 정리되며, 아이디어도 떠올랐습니다. 생각할 일이 많을 때는 걸으면서 생각하면 가장 좋습니다.

오후 1시쯤 돼서 나무 밑에 앉아 사과 한 개를 통째로 우적우적 씹어 먹었습니다. 버리는 것 거의 없이 알뜰하게 먹었습니다. 그때입니다. 한 개 더 먹으면 좋겠다는 생각이 들었습니다. 주먹만 한 사과 한 개로는 충분한 점심이 되지 못했으니까요. 마침 가방 속에는 사과 하나가 더 있었습니다. 먹을 수 있는 것은 물 빼고는 사과 한 개뿐인데, 그 순간의 선택이 매우 중요해졌습니다.

한 개를 마저 먹으면 배는 좀 부르겠지만, 앞으로 세 시간가량 더 가야 할 텐데, 아무런 소망(?)이 없어 보였습니다. 한 개 마저 먹는 것은 배가 든든하고 마음도 흡족하게 되는 길이고, 더 먹고 싶은 것 참고 남은 한 개 가방에 넣고 일어나는 것은, 그래도 소망을 저축해두는 선택입니다.

이런 순간을 갈등이라 하는 것 같습니다. 결국 한 개 더 먹지 않고 남긴 후 일어났습니다. 흡족함보다는 소망과 꿈이 아직도 남은 몇 시간을 위해서는 중요할 것 같았습니다. 사는 데도 소망이 없는, 꿈이 없는 현재의 흡족한 삶보다는, 지금 좀 부족해도 소망이 있는, 꿈이 있는 삶이 저는 더 낫습니다.

흡족함 대신 소망과 꿈을 선택했습니다. 다섯 시간 반 걸었는데, 하산 한 시간 전에 남은 한 개를 맛있게 씹어 먹었습니다.

🔴 생선 머리

어머니는 생선 드실 때 언제나 머리만 드셨습니다. 살은 발라서 자식들 주시고, "나는 생선 머리가 제일 맛있어!"라고 하셨습니다. 제가 생선 몸뚱이를 맛있게 먹되, 생선 머리 쪽으로 살을 많이 붙여 남겨 놓기 시작한 것은 나이가 한참 더 들어서였습니다.

청년 시절 어느 해 여름 저녁이었습니다. 무심히 고기를 구워 먹고 있는데, 어머니가 문득 말씀하셨습니다. "올여름은 네가 쇠고기 ○○근을 먹었더구나." 어머니는 세고 계셨나 봅니다. 얼마만큼 고기를 먹어야 이 아들이 여름을 건강하게 보낼지 목표를 세우셨던 것 같습니다. 고기를 많이 먹어야 튼튼하고 힘을 쓰겠다 싶으셨겠지요. 지성으로 음식을 챙겨주셨습니다. 어머니 나이 마흔

둘에 낳으신 늦둥이 막내 건강을 늘 염려하셨던 것 같습니다.

언제인지 정확히 기억이 나지 않는데 학교에 부모님을 모시고 가는 날이었습니다. 어머니가 다른 아이들 어머니보다 나이가 더 드신 것이 어린 마음에는 창피했나 봅니다.

중고등학교 때는 예쁜 누나가 어머니 대신 선생님과 면담을 하러 왔는데, 선생님이 이런저런 질문을 하시면 괜히 기분이 좋았습니다. 지금 생각하면 참 괘씸하고 못된 아들이었구나 생각합니다.

어머니는 한 번도 그런 저를 다그치지 않으셨습니다. 언제나 자상했고, 기대했고, 믿어주셨습니다. 오늘날 제가 이만큼이나마 건강한 육체와 자아를 가지고 자존감을 유지할 수 있는 비결은, 어머니의 한결같은 신뢰와 기대 덕분이라고 생각합니다.

그래서 저는 요즘 제 아이들에게 자주, "아빠는 네가 자랑스러워. 네가 있어서 아빠는 정말 행복해. 잘 자라주어서 고마워."라고 말합니다. 이 말은 가슴속에서 우러나온 제 진심이며, 어머니가 제 마음에 남겨주신 선물입니다.

어머니를 생각하면 감사한 일이 하나 더 있습니다. 지나왔지만 제가 가장 어려웠던 순간, 시련에 휘둘린 순간, 그런 시기에 어머니께서 제 모습 보지 않고, 기쁘게 잘 살아가는 모습만 보시다가 하늘나라로 가셨다는 것입니다.

● 사진

서랍을 열다 보니 증명사진 한 장이 손에 잡혔습니다. 공군 모자를 쓴 청년의 사진이었습니다. 안경을 쓰고 착한 미소를 머금고 있었습니다. 말이 어눌하고 걷는 것도 불편한 청년이었습니다. 사고로 인해 그렇게 됐다고 했습니다. 몸뿐 아니라 사고의 기능도 상한 듯했습니다.

예배 때마다 일부러 찾아와 인사를 하고는 했습니다. 어느 날 예배 마치고 돌아가는 길에 제 손에 사진 한 장을 쥐어주었습니다. 조그만 증명사진이었습니다. "저 이제 가요. 못 나와요." 설명하기는 했는데, 주의 깊게 들어도 그 정확한 내용을 알 수 없었습니다. 기도해드렸습니다.

늘 인사하고 가던 그 청년이 눈에 안 띄니, 조금 섭섭했습니다. 목사란 무엇인가를 생각합니다. 성도 한 사람 한 사람 더 따뜻하고 정겹게 대해야 한다고 생각합니다. 그러나 막상 떠나고 나니 마음 허전해지는 것을 보면, 늘 부족하지 않았나 생각합니다.

지금 책상 위에 그 사진을 올려놓고 보고 있습니다. 어디에서든 그 청년이 건강히 잘 지냈으면 좋겠습니다. 걸음도 불편한데 넘어지지 않으면 좋겠습니다. 밥이라도 한 그릇 같이 먹을 것을 하는 후회가 듭니다.

사진을 오래 보아도 이것이, 청년이 건강할 때 찍은 것인지, 아니면 상태가 안 좋아진 후에 찍은 것인지 구별할 수 없었습니다. 그저 안경 쓴 착한 모습일 뿐입니다. 저를 볼 때는 안경을 쓰지 않았었는데….

어디서든 잘 지내기를 기도합니다. 목사에게 자신이 기억되기를 바라는 그 마음이, 다시 마음에 와닿습니다.

큰 그림을
보는 법

기회가 있어 다른 도시를 가게 되면, 제일 먼저 찾는 곳이 미술관입니다. 미술관 때문에 일부러 찾아가는 도시도 있습니다. 저는 그림을 보는 속도가 느려서 미술관에 갈 때는 그냥 혼자 가는 것이 가장 마음 편합니다.

미술에 대해 특별한 조예는 없습니다. 약간의 관심이 있을 뿐입니다. 늘 책에서 사진으로만 보던 작품을 실제로 볼 수 있어 큰 기쁨이고, 많은 영감을 줍니다. 유명 미술관은 꽤 가본 것 같습니다. 여러 번 찾은 미술관도 있다 보니 어느 미술관에 어느 그림이 어디 있는지 정도는 파악하고 있습니다. 기획전을 할 때는 '그 미술관에 있던 그림이 여기 걸렸구나' 하고 감회에 젖기도 합니다.

자주 갈 형편은 안 되니 일정을 잡으면 미술관 개관 시간에 맞추어 들어가서, 천천히 둘러봅니다. 규모가 큰 미술관에서는 점심 먹고 끝날 때까지 시간을 보내기도 합니다. 종일 서 있으니 어깨도 아프고 다리도 아프지만, 기쁨이 있으니 참을 만합니다. 그저 그림과 같이 숨 쉴 수 있다는 것으로도 기쁜 시간이지요.

큰 그림이 반드시 유명한 그림은 아닙니다. 그리고 반드시 유명한 그림이 좋은 그림은 아니라고 생각합니다. 그림은 보는 사람 각자에게 다른 감동을 주고, 보면 볼수록 그린 사람의 심정이 이해되고, 그 영감과 심정을 같이 느끼면서 가슴에 후련함을 줍니다. 제 나름대로 그림을 보는 아직 낮은 수준의 감상법입니다.

그림을 보다 보면 저절로 그림 보는 라인이 생깁니다. 일정한 크기의 그림이 눈에 잘 들어오는 거리의 라인입니다. 가끔은 아주 큰 그림을 만나게 됩니다. 벽면에 일정한 거리를 두던 라인의 거리가 달라질 수밖에 없습니다.

큰 그림은 훨씬 더 뒤로 물러나서 보아야 전체 구도를 볼 수 있습니다. 멀리서 화가의 마음을 느껴본 후에, 더 구체적으로 느낄 수 있도록 가까이 다가가서 구석구석을 음미하며 보곤 합니다.

이런 생각을 했습니다. 사람을 볼 때도 내가 늘 바라보던 내 삶의 관점에서 바라보고, 그 사람이 이러저러하다고 평가한다면 그것은 매우 위험하다는 생각입니다. 내가 서 있는 자리에서가 아니라 그림 보는 것처럼 그 사람을 이해하기 합당한 자리로 마음을 옮겨서 파악하고 판단해야 합니다. 그리고 가까운 거리에서 그림을 즐기는 것처럼, 결점을 찾기 위해서가 아니라 아름다움을 더 깊이 발견하려고 들여다보아야 합니다.

인생 하나하나를, 우리가 제대로 된 판단도 아니면서 잘 됐느니 못 됐느니 지지고 볶는다면, 그것이 얼마나 우스꽝스러운 일인지 생각해봅니다.

이런 생각도 듭니다. 이 짧은 세상, 정말 한 인생 한 인생을 아름답게 여기며, 기쁨으로 생각하고, 세워주고, 사랑하고, 아끼고, 귀히 여기며 살기에도 아깝다는 생각입니다. 요즘은 그림을 보면 볼수록 왠지 잘 그렸다, 못 그렸다는 생각보다 그 그림을 그린 화가의 마음이 조금씩 느껴집니다. 미술에 대한 식견이 넓어져서가 아니라, 인생을 바라보는 시야가 조금씩 더 열려서 그런 것 같습니다. 조금 더 아름답게 살다 가야겠다는 마음이 자꾸 듭니다.

● 불편함과
유익함

시간이 나면 산에 오릅니다. 산이라 해도 기껏 차 타고 가면 10분 이내에 있는 앞산을 가는 경우가 대부분입니다. 이제는 건강을 위해 무엇인가 해야겠다는 마음이 들어서입니다. 기회가 되어 멀리 갈 때도 있었습니다. 그동안 지리산, 설악산, 한라산, 북한산을 비롯해 몇 개의 산을 오를 기회가 있었습니다. 저로서는 갈 때마다 감격스러운 일이었습니다.

언젠가 기회가 오면 히말라야로 가서, 어떤 산이든 중간까지라도 올라보고 싶습니다. 무엇이든 시작하면 관심이 생겨서 산에 관한 책도 몇 권 읽어 보았습니다. 하지만 마음과 삶은 늘 함께 가지 못함을 느낍니다. 어쨌든 산에 오를 기회는 자주 만들고 있습니다.

산에 오를 때는 우선 제 성격상, 뭘 들고 다니는 것을 매우 귀찮아합니다. 제가 매우 부지런하다고 알고 계신 분들도 있는데, 저는 의외로 게으른 면이 참 많습니다. 물병 들고 다니는 것도 귀찮아해서 올라가기 전에 산 아래서 다 마시고 맨손으로 올라갈 때도 있었습니다. 한두 시간은 괜찮은데, 네 시간 정도 걸리면 목이 마르기도 합니다. 하지만 목마른 게 물병 들고 다니는 것보다 차라리 낫다고 생각하는 것이 제 게으름의 특징입니다.

손에 들고 다니는 것 귀찮으면 배낭 메고 다니면 된다고 할 수도 있습니다. 그런데 뭘 메고 다니는 것이 더 힘들고 귀찮다고 생각해서 그냥 다녔습니다. 한 1년 지나서 익숙해지면 배낭 메고 다녀야겠다고 생각했습니다.

봄이 되어 앞산에 다시 올랐습니다. 작년 1년 동안 좀 숙달(?)이 되었으니 등에 물이라도 지고 다녀야겠다는 생각이 들었습니다. 그래서 등에 뭔가를 메보았습니다. 처음에는 영 익숙하지 않은 게 신경이 쓰이고 거추장스러웠습니다. 든 것도 없는데, 가방이 더 무겁게 느껴졌습니다.

그런데 한두 번 메다 보니 그런대로 다닐 만했습니다. 몇 번 메보니 등에 가방 메는 것이 좋은 점이 많았습니다. 우선 처음부터 몇 시간 동안 마실 물을 한꺼번에 다 마시지 않아도 되고, 가다가 목마르면 목을 축이는 맛도 꽤 괜찮았습니다. 혹 아는 분이라도 만나면 별것 아니어도 꺼내줄 게 있어서 좋았습니다.

산에 오르다 보면 간혹 앉아 쉬면서 뭔가를 맛있게 드시는 분들이 있습니다. 전에는 그런 분들 보면 그냥 지나쳐 가곤 했습니다. 쳐다보면 부러워하는 듯 보일 것 같았습니다. 그런데 가방을 메고 나서부터는 그럴 필요가 없어졌습니다. 저도 그분들처럼 힘들면 쉬면서 가방에서 뭐든 꺼내 먹을 수 있으니까요. 가방 메는 것이 귀찮기는 하지만 이렇게 꽤 괜찮은 면도 있습니다.

우리 삶에는 때로 귀찮고 불편한 것이 있습니다. 하지만 좀 귀찮고 불편하다 할지라도 참으며 하다 보면, 의외로 예기치 않았던 기쁨과 유익이 많습니다. "소가 없으면 구유는 깨끗하지만, 소의 힘으로 얻는 것이 많다."라는 잠언의 말씀을 생각합니다.

물 한 병과
그 눈망울

매년 여름 진행하는 선교 활동 중, 아직도 눈에 선한 장면이 있습니다. 선교단원들 그리고 큰 학교 곳곳을 가득 메운 사람들입니다. 매년 계속하는 일이지만, 그 짧은 시간에 얼마나 많은 사람을 치료하고 얼마나 많은 도움이 되겠습니까.

아열대 기후에 작열하는 태양이 쏟아지는 점심시간, 각 프로그램 속에 있던 이들이 한곳에 모여 줄 맞추어 앉아 있습니다. 점심 도시락과 물 한 병씩을 나누는 시간이고, 수백 명은 족히 넘는 긴 무리입니다.

원래 줄을 잘 못 서는 분들이었지만, 그것도 반복해서 훈련하니 줄을 잘 맞출 수 있습니다. 땡볕 아래 기다리게 하는 것이 미안해서 천막을 쳤지만, 그 혜택이 모두에게 가지는 않습니다. 정렬하지 않으면 그다음에 일어날 상황을 너무 잘 아는지라, 안타까워도 줄을 서게 합니다. 저 역시 맨 앞에서 도시락과 물을 나누어드리고 함께 식사합니다.

앞쪽에, 한 어린 소녀가 제게 눈을 맞추며 손가락으로 자꾸 무언가를 가리킵니다. 거듭거듭 눈으로 호소하며 가리키는 것은 안고 있는 어린 동생이었습니다. 말 안 해도, 그 아이 몫으로 도시락과 물 한 병을 더 주었으면 하는 바람입니다. 미소 지으며 얼른 더 가져다주었지만, 울컥함에 제 마음과 표정이 같을 수는 없었습니다. 우리 역시 그리 머지않은 시간의 저편에 비슷한 삶의 지경이 있었으니까요.

시간이 꽤 흘렀지만 아직도 그 깡마른 작은 소녀와 그 소녀에게 안긴 어린 동생, 그리고 도시락 한 개와 물 한 병, 제게 맞추고 떼지 않았던 그 눈길이 선명합니다. 전에는 플라스틱병 물을 먹다 남으면 그냥 두었고, 오래되면 버렸습니다. 그런데 그 이후로는 물병에 남은 물이 있을 때, 그것을 쉽게 버릴 수가 없습니다.

아이의 눈길은 지금도 기억에 남아있어, 제 마음에 하는 이야기가 있습니다. 감상이 감상으로만 끝나지 않고 삶에 힘을 준다면, 그것은 세상을 움직이는 힘이 됩니다.

● 무너진
꿈의 조각이라도
붙잡고

목사의 눈으로 바라본 성도의 삶은, 기쁨과 감사 그리고 감격이 있습니다. 또한 이루지 못한 삶의 아픔으로 인해 멍든, 가슴의 애련함도 보게 됩니다. 사랑하니까, 아끼니까, 안 돼 보이고 더 가슴 아파 보입니다. 어디 그뿐이겠습니까. 우리 인생 자체가 시련과 눈물의 강을 건너는 것이지 않습니까.

기뻐도, 슬퍼도, 환하게 웃을 수 있어도, 슬퍼 감출 수 없는 눈물이 흘러도, 우리는 인생이란 그 길을 가고 또 가야 하는 것 아닙니까.

꿈이 무너지면 무엇이 남는가 생각합니다. 어떤 시구처럼 아무것도 남지 않는 것이 아니라, 그 산산이 부서진 조각들이 우리 앞에 흐트러져 널려 있을 것입니다. 산산조각이 남아있는 것입니다.

살다 힘들면, 우리는 그 부서진 조각을 바라보며, 아무것도 없다 생각하지 않고, 그 조각조각이 우리 삶의 자산임을 확인하고, 그것을 주워 작은 조각 하나로 전체를 복원해내야 합니다.

부서진 덩어리 하나하나 조각조각을 가지고, 열 개도, 스무 개도 넘는 우리의 꿈을 확대하고 복원해야 합니다. 그 부서짐으로 인해, 우리는 한 개가 아니라 열 개, 스무 개를 얻게 될 것입니다.

삶이 아플 때, 눈물 날 때, 바람에 삶이 시릴 때, 더위에 지쳐 널브러져 있기도 갑갑할 때, 우리는 그 순간순간들을 손에 붙잡아 쥐고, 그 아픔 때문에, 그 슬픔 때문에, 그 지루함과 갑갑함 때문에, 우리 삶의 완제품들을 하나하나 복원하고, 오히려 창작해야 합니다. 그 부서짐을 통해 우리 손에 쥐어진 조각들은, 우리 꿈을 통해 다시 탄생하는 환상의 향연을 이룰 것입니다. 그래서 우리는 무너진 꿈의 조각이라도 붙잡고, 다시 일어서고, 결국 끝까지 가야 합니다.

죽은 나무
하나가

높은 산을 오르다 보면 가끔,
여기저기 죽은 나무를 발견할 때가 있습니다.
군락을 이룬 경우도 있지만,
우뚝하니 혼자 서 있기도 합니다.

살아 천년 죽어 천년 간다는 주목도 있지만,
그렇지 않은 나무도 있습니다.
그런데 그러한 나무를 보다 보면
아주 신기한 느낌이 들 때가 있습니다.

전체 공간에서 보면

벌판이나 벼랑

혹은 이러저러한 배경 속에 우뚝 서서

전체 구도의 중심 역할을 합니다.

때로는 그 죽은 나무 하나로 인해,

전혀 다른 구도가 만들어지기도 합니다.

살아서 우뚝하니 솟은 장대한 나무 군락도

아름답지만,

벼랑이나 혹은 바람받이에, 벌판에,

누운 풀잎들 가운데,

고독하게 서 있는 죽은 나무 하나가 이루는

짜인 구도의 아름다움 역시 볼만합니다.

우리도 언젠가 이 세상을 떠나게 될 것입니다.

아니 이 세상을 떠나지 않아도

언젠가 주변 시야에서 멀어져

잊혀질 때가 있을 것입니다.

그때를 생각합니다.

우리가 떠난 자리에 남아있는 우리의 자취가,

바람맞이 산 정상 부근 죽어서 서 있는 나무처럼
구도의 중심을 잡아주고,
죽어서 닳아진 모습으로 오히려 운치를 더해
구도의 아름다움을 더해주는,
그런 모습이면 어떨까 생각합니다.

우리의 생명은 호흡이 있을 때만 있는 것은 아닙니다.
우리가 이 세상 떠나거나 사람들의 기억에서
멀어지는 때가 와도,
문득 생각나면
많은 사람에게
어떻게 살아야 하는가에 대한 격려가 되고,
우리가 그 자리와 시간에 있었다는 사실만으로도
나중에 그 자리에 있는 사람들에게 힘과 용기가 되는,
그러한 사람이 됐으면 합니다.

사랑과 존경을 받고,
따르는 사람에게 힘과 용기를 줄 수 있는
아름다운 이 되소서.

행복하게
사는 법

행복하게 살려면 아름다운 추억을 가지고 살아야 합니다. 아름다운 추억을 가지고 살려면, 내가 가지고 있는 삶의 순간들을 아름답게 만들어야 합니다.

우리는 자주 아름다운 삶의 작품들을 이러저러한 이유로 훼손하곤 합니다.
내 마음에 안 든다고,
내 마음이 달라졌다고,
상대가 기분 좋지 않게 만들었다고,
그리고 삶의 상황이 달라졌다고….

이래서 구겨버리고, 저래서 찢어버린다면, 우리 삶에 아름다운 사진으로 남아있을 삶의 추억과 흐뭇함이 얼마나 될까요?

좋았었다 생각한다면, 그때 그 순간 아름다웠던 마음을 소중히 여기며, 추억이라는 아름다운 색깔을 입혀 나의 보물이요 자산으로 삼아 풍요로운 삶을 누려야 합니다.

요즘 이런 생각을 합니다. 언젠가 한 달쯤 시간을 내서, 삶을 한번 정리해 보아야겠다고. 특히 내가 이 세상 떠난다 생각하고, 아이들과 나누었던 추억들을 정리해 보려고 합니다. 아이들이 결혼할 때 선물로 상자를 하나 만들어주려 합니다.

함께 찍은 사진도, 나누었던 이야기나 글도, 받았던 선물에 대한 감상도 간략히 전해주려 합니다. 그리고 부모로서 제가 줄 수 있는 교훈과 못 다한 말을 정리해 상자 하나로 전해주려 합니다. 부모의 사랑과 추억과 교훈과 배려가 어떻게 효과적으로 전달될 수 있을지를 생각 중입니다. 언젠가는 영원히 볼 수 없는 때가 올 것이니, 그때도 담담히 행복하게 살기 바랍니다.

아이들뿐 아니라 모두에 대해서도 마찬가지입니다. 아내에 대해서도, 주변 사람에 대해서도, 그동안 스쳤던 모든 이에 대해서도

마찬가지입니다. 언제 어느 때 문득 이별할 때가 돼도, 아름답게 모든 것을 맺고 추억할 수 있게 정리하고 정돈하며 살아야겠다고 생각합니다.

이렇게 언젠가 인생에 있을 이별을 생각해서 삶을 정리하며 살아 가려고 하니, 늘 만나는 정상적이고 평범한 모든 삶과 사람과 스 침이 그렇게 소중하고 살가울 수 없습니다. 어제를 뒤로하되, 행 복한 추억으로 삶의 한 페이지 한 페이지를 묶어갑시다.

2
장

인생이라는
길 위에서

우리 삶이 향기로워, 우리가 거하는 모든 공간이
향기롭고, 그 시간과 공간에 사는 모든 사람에게
그 향기가 배는 아름다운 삶이기를 바랍니다.

살아만 있자

살다 보면 인생이 한없는 계곡으로 굴러떨어질 때가 있습니다. 도 대체 내 인생이 어디까지 추락하는 것인지, 어디가 그 바닥인지, 끝 모를 추락 속에 미망의 늪을 허우적거릴 때가 있습니다.

내 자존심, 그래도 살아있을 만하다고 자신을 기특히 여겼던 자존 감. 뭔가 사람 사는 세상에 도움이 되고 있다고 믿었던 자신에 대 한 흐뭇함. 그 모든 것이 한순간에 거품이 되고, 이 세상 가장 비 열한 사람으로, 숨을 곳 없는 비난의 운동장 한가운데, 응원 소리 조차 가슴 아픈 광야 끝에 서게 됩니다.

정말 가슴이 아파 숨쉬기 어렵고, 살아있는 것이 죽음보다 못하다고 느껴지는 때가 있습니다. 이때 드는 생각은 자신의 미욱했음에 대한 자책과 자괴의 심정입니다. 또 드는 생각은 누군가에게 품은 섭섭함과 분노의 심정입니다. 아니면, 그 분노의 마음조차 자리하지 못하고, 기력을 상실하는 것입니다.

추락과 상실, 자책과 분노, 인생에 대한 근원적 회의와 실망은 우리를 밀어내고 밀어내어 생의 낭떠러지 앞에 서게 만듭니다. 눈앞에서 웽웽대는 수많은 아픔의 언어들은 비수가 되어, 바둥거리며 살아보려는 인생을 절벽 아래 죽음의 암흑으로 떨어트리려 손을 뻗습니다.

이때 우리는 생명의 주문처럼 외우며 순간을 넘겨야 하는 문구가 있습니다. "살아만 있자!" "살아만 있자!"

삶은 흘러갑니다.
기쁨도 흘러가고, 슬픔도 흘러갑니다.
웃음도 흘러가고, 눈물도 흘러갑니다.
발이 묶여 움직이지 못하고, 모든 비난의 풍상과 아픔의 화살을 피할 수 없어도, 해가 지고 달 지기 여럿이면, 삶은 어느새 절벽을 벗어나 푸른 초원을 달리기도 합니다.

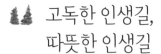

고독한 인생길,
따뜻한 인생길

인생은 결국 혼자입니다. 이 단순한 사실을 받아들이면 세상과 사람을 바라보는 시야가 넓어집니다. 험한 인생길에 누군가 옆에 있다면 그것으로 우리에겐 큰 은혜요 감격입니다. 우리 옆에 있는 모든 사람은 다 소중한 감사의 대상입니다.

우리 인생이 뜻대로 흘러가지 않을 때 우리는 방황합니다. 어느 소설가의 말처럼 "방황은 남들이 보기에는 낭만적으로 보일지 몰라도 본인이 행하기에는 한없이 서글픈 다리 운동"일지도 모릅니다. 우리는 갈팡질팡하는 혼란의 과정을 거쳐 자신의 실체를 발견하기도 하고, 더 깊은 방황의 늪에 빠지기도 합니다.

어떻게 산 인생이 더 인간답다거나, 무엇이 더 의미 있다거나 하는 말은 중요하지 않습니다. 모두가 나름의 혼돈을 거쳐 결국 가야 할 길을 찾아갈 뿐입니다. 아이도 고독하고, 청년도 고독하고, 어른도 고독하고, 노인도 고독합니다. 그래서 울고, 소리 지르고, 외로워하고, 쓸쓸해 합니다.

고독이란 내칠 수 있는 것이 아니고, 내친다고 해서 해결될 수 있는 것도 아닙니다. 다만 짊어지고 가야 한다면, 친해져야 하고 따뜻한 마음으로 애정을 품고 받아들이며 살아야 합니다. 나에 대해 알고 싶다면 먼저 다른 사람을 이해해야 합니다. 따뜻한 인생을 살고 싶다면, 타인에 대한 온기와 온정을 품고 다른 이를 그렇게 대해야 합니다. 그러면 결국 내 문제는 나만의 문제가 아니라는 사실을 깨닫게 됩니다.

사랑을 잃었다면 고독할 것이고, 쓸쓸할 것이고, 외로울 것이고, 마음 쓰릴 것입니다. 고독은 내가 버림받는 것이 아니라, 내가 나 아닌 다른 사람을 버려서 오는 것입니다. 우리가 아픈 것은 버림받아서가 아니라, 버렸기에 오는 인과응보와 인지상정의 결과입니다.

함께 걷는 기쁨은 타인이 내게 베푼 배려가 아니라 내가 나에게

준 선물입니다. 사랑하기 때문에, 사랑을 버리지 않았기 때문에 오는 결과입니다. 혼자라고 느낄 때, 외로워 견딜 수 없을 때, 지나온 길 돌아보는 여유를 가집시다.

 오늘을
　　살아가는 힘

늘 감사함을 잊지 않습니다. 어려웠던 때를 잊지 않습니다. 중요
한 결정의 순간에 가졌던 다짐을 잊지 않습니다. 스스로에 대한
약속을 잊지 않으려 합니다. 누군가와의 약속을 잊지 않으려 하
고, 지키고자 합니다. 지금 이 순간보다 시간 지나 더 오랫동안 어
떤 것이 더 지혜로울까를 생각합니다. 한순간의 결정이 너무 오랫
동안 그리고 너무 큰 영향을 미치니, 마음 약하게 먹지 말고 힘을
내야 합니다.

어제 있었던 즐거웠던 일을 기억합니다. 이 순간의 어려움은 스쳐
가는 과정이지 영원히 지속되는 결과는 아닙니다. 오늘 해가 졌어
도 내일 다시 떠오른다는 사실을 생각합니다. 사람의 마음도, 날

씨도, 삶의 상황도 늘 고정된 것은 아니라고 믿습니다. 마음이 힘을 내면, 육신도 다시 힘이 납니다. 그러면 아픔과 고통은 어느 정도 가셔집니다. 좀 더 고통스러운 어려움이 찾아와도 꾹 참고 견디면 또 시간 흘러갑니다. 시간의 흐름은 언제나 자연 만물을 바꾸듯, 삶의 상황도 달라집니다.

삶의 순리를 받아들이는 법도 배워야 합니다. 꽃이 피면 지는 때도 있고, 나뭇잎 피어나면 낙엽이 되어 떨어지는 때도 있음을 수용해야 합니다. 꽃 지고 나뭇잎 떨어지면 추운 겨울 오고, 다시 봄이 찾아옴을 기대하며 기다려야 합니다.

어제의 아이가 오늘의 어른이 되듯이, 우리는 시간 지나면 훌륭해질 수 있음을 기대해야 합니다. 천둥 번개 쳐도, 그 시간이 그리 길지 않다는 사실을 기억해야 합니다. 오늘도 우리는 힘을 내서 살아야 합니다.

향기 나는 삶을 살아갑시다

한 번 살다 가는 삶이고, 남은 기간 얼마일지 모르니, 어떻게 살아가야 하나 생각합니다. 그냥 산다고 그것이 최선의 삶은 아닐 것입니다. 우리는 적어도 품위와 격조는 가지고 살아가야 한다고 생각합니다.

내 말 한 마디,
내 한 줄의 글,
내 한 번의 몸짓이,
적어도 내 인격과 이제까지 살아온 삶의 자취를 드러낸다 생각하면, 우아한 향기를 품어내기 위해, 사위를 살피며 내디뎌야 합니다.

향기 있는 말,

향이 있는 글,

향기 있는 삶의 동작을 생각합니다.

들으면 입 개운한 차 한 잔 마신 것처럼 마음이 개운해지고, 읽으면 마음이 따뜻해지고 풍요로워지며, 그 삶의 모습을 보노라면 '인생이 이렇게 아름다울 수 있구나' 생각되는, 그러한 삶을 살았으면 좋겠습니다.

삶의 아름다움은 절제입니다.

말의 선택과 표현,

내면에서 굳은 정서,

무심코 드러나는 감정의 유출까지

아끼고 다듬을 수 있다면,

삶은 지금보다 훨씬 그윽해지고 향기로울 수 있습니다.

사람이 아름다울 때는 언제인지 생각합니다.

생각이 아름답고,

표현이 아름답고,

상대를 배려하는 그 모습이 아름다울 때일 것입니다.

우리 삶이 향기로워, 우리가 거하는 모든 공간이 향기롭고, 그 시간과 공간에 사는 모든 사람에게 그 향기가 배는 아름다운 삶이기를 바랍니다.

🌲🌲 현재를 받아들이고,
   축복을 이루는 삶

인간의 삶이란 과거와 현재와 미래의 연결로 이루어집니다. 그 누구도 과거 없이 현재만의 존재는 있을 수 없습니다. 그 과거의 결과로 이루어진 현재와 현재의 결과로 이루어질 미래를 대비하며 살아갑니다.

삶은 정서와 실제로 이루어집니다. 정서는 느낌이고 감정이며, 인간의 행복과 불행을 느끼게 해주는 의미 있는 요소입니다. 실제는 현실이고 실존적이며 매우 사실적입니다. 정서는 때로 후행하지만, 실제는 그런 정서를 바꾸는 특징을 가지고 있습니다.

많은 경우 평생을 곁에 있던 사람이 세상을 떠나면, 슬픔에 잠겨 마음과 몸을 가누지 못합니다. 그러나 얼마를 지나 눈을 뜨게 되면 삶이라는 현실과 현재를 만나게 됩니다.

아름다웠던 추억 덕분에 행복했고, 그 행복했던 기쁨만큼 더 가슴 아플 것입니다. 그러나 시간이 지나면 정도의 차이는 있으나, 추억의 슬픔뿐 아니라 현실의 고난이 추억의 슬픔을 더욱 아프게 합니다. 삶은 정서와 실제의 복합체이며, 삶의 실제 현실이 정서에 영향을 끼칩니다.

삶은 균형입니다. 어떤 경우도 꿈을 버리지 않고 추구하되, 현실과 이상을 연결해 이루어가야 합니다. 정서를 소중히 여기나 실제를 존중하며, 마음의 균형과 현실의 아름다움을 준비해야 합니다. 늙음, 약해짐, 병듦, 어려워질 수 있음, 뒤에 있던 사람이 앞서갈 수 있음을, 우리는 받아들이고 준비해야 합니다.

삶은 꿈이지만, 그 꿈이 이루어지는 공간은 현실입니다. 건강한 믿음은 현실을 부정하거나 과거에 매여 나를 묶어두지 않습니다. 오늘 내게 주어진 모든 것을 사실과 현재로 받아들이고, 기대와 소망을 품고 담담히 헤쳐나가며, 나를 넘어서 모두를 축복하는 삶을 이룹시다.

🌲🌲 우리가 극복해야
   할 것들

고독

고독을 두려워하면 삶은 더 아픈 고독 속으로 빠져듭니다. 그저 친한 벗으로 여겨 편안한 마음으로 대해야 합니다. 고독을 쓰리다 생각 말고, 편안하고 우아하게 받아들여야 우리 삶도 아울러 우아할 수 있습니다. 삶은 어차피 고독한 것이니, 그 고독을 시리게 느끼지 말고, 푸근히 느낄 수 있을 때 삶은 풍성해집니다.

슬픔

삶엔 때로 독한 슬픔이 다가올 때가 있습니다. 그 어떤 노력으로도 잊혀질 수 없는 아픈 슬픔이 우리 가슴을 후벼 팔 때가 있습니다. 도망치려 하지 말고, 잊거나 다른 이에게 떠밀려 하지도 말고,

그저 내 슬픔이거니 하고 끌어안읍시다. 어느 순간 문득, 그 슬픔이 아름다움으로 느껴지고, 내 삶을 채색하는 빛깔이 될 때, 슬픔은 우리 삶을 영롱히 수놓는 무늬가 됩니다.

분노

분노에 나를 맡기지 맙시다. 후회되고, 손해되고, 나 자신을 붕괴시키는, 오래 기억되는 나쁜 추억이 될 뿐입니다. 분노가 나를 휩쌀 때, 속히 이 순간을 벗어나자 다짐하고, 그 자리를 떠나야 합니다. 분노는 사람을 누추하게 만들고, 내 동지를 적으로 만들며, 이제까지 쌓았던 공든 탑을 한순간에 무너뜨립니다.

아픔

아픈 기억은 속히 잊는 것이 좋습니다. 아픔을 상처로 삼는 것은 가장 어리석은 일입니다. 살다 보면 아픔과 상처는 결국 내 미성숙에서 온다는 것을 알게 됩니다. 내가 튼튼하고 밝게 산다면, 상대의 어리석음이 나를 해하지 못합니다. 아픔이 다가올 때, 내 인생을 더 깊게 만들어주니 고맙다 인사합시다. 지금도 가슴을 에는 아픔이 있다면, 그만 헤어지자 인사하고 떠나보냅시다.

🌲🌲 조금만
더 높이
올라간다면

비행기 탈 때마다 매번 느끼는 감정이 있습니다. 이륙해서 일정한 높이까지 올라가 비행기가 구름 위를 날게 되면, 날씨가 흐리거나 비가 오거나 하는 기상의 변화를 느끼지 못합니다. 비행 상태를 결정하는 기류의 변화 같은 전문적인 사항은 제 과학지식 수준으로는 설명이 어렵습니다. 하지만 우리가 지상에서 체감하는 수준의 기상 변화는 구름 위 높이에서는 못 느끼는 것 같습니다.

구름 위 찬연한 태양 빛 가운데 눈부신 흰구름을 보고 있노라면, 무엇인가 한 수준 벗어났다는 것이 주는 자유로움이 느껴집니다. 구름 밑은 눈이나 비 등 여러 기상 변화가 있을 텐데, 불과 얼마 위인데 이런 평안과 고요가 존재한다는 사실이 놀랍습니다.

이런 생각을 하다 보면, 우리 삶도 일단 한 수준을 벗어나는 것이 힘들어서 그렇지, 그 별것 아닌 한 수준만 벗어나도 이전에 애달프게만 생각하던 것들이 작게 여겨질 때가 있습니다. 집착하던 것을 놓으면 별것 아닌 우스운 것이었고, 분노하고 억울해하던 것 역시 너무 작은 것이라 오히려 부끄러워집니다. 사랑하지 못했던 것이 죄송하고, 용서하지 못했던 것이 얼굴을 들지 못하겠으며, 소유하려고 했던 그 모든 삶의 잔가지들이 덧없는 것이라는 생각이 듭니다.

좀 더 열심히 배우고 사랑하고 베풀었으면, 좀 더 관대해서 넓은 마음으로 세상을 품었더라면 하는 아쉬움은 언제나 마음을 아프게 합니다. 삶의 마디마다 좀 더 노력하고 애써서, 당시 수준보다 무엇인가 한 단계 위 차원에서 관조할 수 있는 수준이 되었더라면 하는 후회와 아쉬움이 짙습니다.

우리 삶은 지나고 보면 언제나 후회할 일 천지입니다. 지나온 시간을 좀 더 애틋이 살아 지금보다는 훨씬 더 좋은 상태에 있었더라면 하는 미련이 남습니다. 지나온 시간에 얽매여 후회만 하는 것보다는, 그것이 동기가 되어 더 열심히 노력하고 애쓰는 것이 우리가 갈 길이라는 생각을 합니다.

우리 삶의 차이는 의외로 근소합니다. 한 박자만 빠르게 무엇인가를 먼저 보고 실행해도 선각자로 앞서가게 됩니다. 올림픽 경기의 우승자와 그렇지 못한 선수의 차이는 늘 간발의 차이입니다. 한 박자 빠르면 그것이 우리 삶에 지고한 여유를 가져다줍니다. 한 수준만 위에 서면, 이전에 자유롭지 못했던 우리 삶의 굴레에서 벗어날 수 있습니다.

문제는 그 한 박자 빠르고, 한 수준 위에 선다는 것이 절대 쉽지 않다는 것입니다. 지름길이 있다면, 기회 있을 때 그 기회를 놓치지 않고 성실과 최선을 다하는 것뿐입니다. 무엇인가 이루고 싶고, 또 이루어야 할 사람에게는 누구에게나 문제로 포장한 과제가 있습니다. 수고 없이 이룰 수 있는 것이 어디 있습니까.

현재 상태에서 한 수준만 더 올라갑시다. 진보는 우리를 자유롭게 하며, 진보를 위해 쏟았던 노력보다 큰 기쁨을 줍니다.

지난
편지

가끔 이런저런 정리를 하다 보면 지난 편지가 문득 손에 잡힐 때가 있습니다. 삶이란 흘러가는 것이라 지금 곁에 있는 이도, 그렇지 않은 이도 있습니다. 종이에 적힌 내용은 다 푸른 마음이고, 가슴 따뜻하게 하는 뭉클한 내용입니다. 손으로 쓴 편지는 더 정서적이고 감동적인 경우가 많습니다. 하지만 그 마음을 품었던 사람은 시간의 흐름과 함께 흘러가고, 때론 그 마음도 흘러갑니다. 삶은 그 순간의 마음을 소중히 여겨 마음의 흔적을 추억으로 꾸미면서 가꾸어갑니다.

화가가 남긴 그림을 생각합니다. 좋았던 시절의 그림도 있고, 삶도 마음도 손도 망가진 때의 그림도 있을 것입니다. 우리는 그 화가를 평가할 때 가장 나쁜 시절의 그림을 기준으로 삼지는 않습니다. 화가는 인생 최고 때의 작품으로 그 삶을 평가받습니다.

사람에 대한 우리의 평가도 마찬가지라 생각합니다. 좋았던 때를 기억하고 그 삶을 소중하고 아름다운 것으로 삼아야 합니다. 우리 삶이란 어차피 벽돌 한 장 한 장이 쌓여서 이루어진 벽과 같습니다. 그런데 우리 삶은 이미 찍어놓은 벽돌로 벽 자체를 쌓아가는 것이 아니라, 하루하루 한 장씩 새롭게 찍어서 벽을 쌓아가는 것이다 보니 벽면이 균일하지 못합니다. 그래서 어떤 통일성과 매끈한 삶의 우아함만을 가지고 인생을 평가하면 실망합니다. 어차피 그런 게 삶이라면, 우리는 그 울퉁불퉁함 속에서 구조를 만들고 조화를 찾고 완성을 향해야 합니다.

사람의 마음은 평가하는 것이 아닙니다. 수용함으로 소중히 여기고, 인정하고 존중해주는 것입니다. 내 마음을 기쁘게 해줄 때도 담담히 받아들이고, 내 마음을 아프게 해도 그냥 삶의 한 부분임을 인정하고 수용해야 합니다. 내 주변을 구성하고 있는 풍경으로 여기고 해석해야 합니다. 그리고 사랑해야 합니다.

오늘 서랍을 정리하다 편지 몇 장을 다시 읽어보았습니다. 삶의 한 부분에 서 있는 인생의 정겨움을 느꼈습니다. 인생이란 평가하는 것이 아니라 받아들이는 것입니다. 우리 삶을 스쳐 갔던 모든 이들은 어느 한순간이라도 고마움이었고, 우리 삶에 기쁨이었습니다.

 만남과
헤어짐

바람이 스치고, 물이 흐르듯, 우리는 삶의 여울 속에서 만남과 헤어짐을 반복하며 살아갑니다. 그 만남과 헤어짐이 아름다운 것이라면 우리는 소중한 추억으로 삶의 기억을 쌓아갑니다. 우리가 몸을 움직여 내 삶의 존재를 확인할 수 없을 때도, 우리의 추억은 퇴색하지 않고 더욱 선명히 가슴속 사진으로 남아 삶을 빛나게 합니다.

사람은 누리고 있는 물질로만 기쁨을 느끼지 않습니다. 우리 삶은 움직이는 실체보다 감정에 더 영향받으며 살아갑니다. 그래서 분노하면 천하 진미도 쓴 모래 같고, 기쁘고 설레면 밥 안 먹어도 발이 둥둥 떠다니는 것 같습니다.

생각해보면 결국 생각도 느낌도 감동도 많은 경우 만남과 헤어짐에서 비롯됩니다. 그 만남이 행복했고, 헤어져도 그립고 아쉬우며 애틋한 것이라면, 우리는 오래도록 그 잔상과 그리움의 여운 속에서 아름다운 노을을 맞이할 것입니다. 슬퍼도 아름다우며, 가슴에는 통증의 서늘함도 파도의 들숨과 날숨일 뿐입니다. 그러나 진저리쳐지는 삶의 지긋지긋한 기억은 우리 삶을 우울하게 하고, 자꾸 우리를 어두운 기억의 저편으로 끌고 가 삶과 감정을 왜소케 하고 어둡게 합니다. 하지만 삶이란 시간이 흘러가며 우리의 많은 부분을 평균화시키고 균형화시킵니다.

기쁨과 아픔도 그 간격이 좁아지고, 눈물과 웃음도 그리 큰 차이 없는 감정이 됩니다. 무디어져서가 아니라, 삶의 폭이 넓어져 판단의 선이 굵어졌기 때문입니다. 누구나 알고 있듯, 우리 인생은 만나면 언젠가는 헤어져야 합니다. 그러니 우리는 그 헤어짐을 가슴 아파할 것 같아서 마음을 주지 못하는 것이 아니라, 있을 때라도 후회 없게 대해야 합니다. 언젠가 볼 수 없을 때도 아쉽지 않게, 주고 싶은 것과 나누고 싶은 것, 베풀고 싶은 것 다 줍시다. 다시 만날 수 없을 때 아쉬워하지 않도록 기쁘게 하고, 사랑하고, 이해하고, 품어주고, 편안을 이루도록 애씁시다.

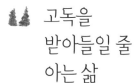 고독을
받아들일 줄
아는 삶

여러 사람 있는데도 혼자 말을 많이 하는 사람이 있습니다. 고독
해서 그리한다 생각합니다. 괜히 성질내고 자기 마음대로 안 되면
사람 괴롭혀, 상대하고 싶지 않은 사람도 있습니다. 사는 게 힘든
가 보다 생각합니다.

살아가면서 우리는 고독을 받아들이는 훈련을 해야 합니다. 혼자
있을 줄도 알고, 아무도 알아주지 않아도 마음 편하다고 할 줄도
알고, 비교당해서 선택받지 못해도 담담히 받아들이는 법도 배워
야 합니다.

만약 그렇지 않으면 우리는 말도 많아지고, 다른 사람에 대해 섭

섭한 마음도 생기고, 마음과 말이 자꾸 각이 서고 날카로워집니다. 그리고 내 마음 편치 못한데, 다른 사람 마음을 어찌 편하게 해줄 수 있겠습니까.

어린아이 때는 고독을 고독이라 느끼지 못했을 수 있습니다. 그냥 삶이 그런 것인가 보다 생각하고 받아들이고 적응했을 것입니다. 그러나 어른이 되면서는 고독하지 않은 적도 있어서, 오히려 더 고독을 느끼는지 모릅니다. 아니면 고독이 너무 싫어서 발버둥쳐 빠져나오고 싶어하는지 모릅니다.

삶은 내가 원하는 대로 되는 것도 아니고, 또 내가 원치 않아서 면제되는 것도 아닙니다. 삶의 평안이란 받아들임입니다. 있는 그대로를 받아들이고, 내가 나일 수밖에 없고, 지금 이 상태가 내게 주어진 것임을 스스로 이해해야 합니다. 그래야 마음 편히 현재를 인정하고 또 다른 계단을 밟아 올라갈 수 있습니다.

혼자 있어도 편안하고,
알아주지 않아도 편안하고,
만날 사람 없어도 편안하고,
내 말 들어줄 사람 없어도 편안하고.
그렇게 살다보면 미움과 섭섭함, 패배감과 슬픔, 상처도

나를 후벼파지 못하고
그저 담담히 삶을 바라볼 수 있습니다.
그런 다음에 마음 가다듬고
가야 할 길 정하고 또 가는 것입니다.

🌲🌲 이해하기로
함

사람의 행복은 마음의 평안에서 옵니다. 마음의 평안은 삶의 상황과 내 앞에 있는 사람을 이해함으로 이루어집니다. 그러나 삶과 사람을 이해하는 것은 흐르는 감정의 선만 따르면 불가능합니다. 이해하기로, 그야말로 이해하기로 작정해야만 가능합니다.

삶과 사람을 이해하기로 한 순간부터 우리의 눈과 마음은 부드러워지고, 그 순간부터 우리 마음에는 평안과 기쁨이 찾아옵니다.

때로 내가 왜 그렇게 속 좁게 살았는지 후회할 때가 있습니다. '조금만 더 일찍 이런 마음을 가졌으면 모든 것이 편안했을 텐데 왜 그렇게 편협한 마음을 가졌을까?' 하는 생각이 듭니다.

지난 시간을 돌아보면, 내 삶의 길이 언제나 바르기만 했던 것은 아니었습니다. 나 역시 수많은 이해와 용서와 사랑과 배려를 받으며 살아왔습니다. 그런데 나는 그 많은 용서와 사랑과 이해를 베풀 기회에, 왜 그렇게 어리석게 다른 이를 공격하고, 상처에 소금을 비벼 넣듯이 아프게 하고, 그것으로 내 속을 풀었나 하는 부끄러움뿐입니다.

이제 우리는 조금 더 따뜻하게 세상을 보고, 사람을 보고, 삶을 바라볼 필요가 있습니다. 생각해보면 다 불쌍한 사람들인데, 뭘 그렇게 따지고 대들고 혼내고, 자신과 상대에게 아픔을 주는지 생각해봅니다.

이 세상에서 사랑하고 이해하고 용서하고 배려함보다 더 큰 힘과 능력은 없습니다. 삶과 사람을 수용하고 이해하기로 하지 않으면, 이해할 상황과 사람은 아무것도, 아무도 없습니다.

오늘 다시 결심해봅니다. 내 삶의 모든 주변과 모든 사람을 이해하기로 하자. 내 마음의 평안과 행복, 그리고 내 앞에 있는 모든 사람의 평안과 행복을 위하여.

슬픔
관리

살다 보면 슬플 때가 있습니다.
사는 것이 힘들고 어려워서,
원하는 것이 이루어지지 않아서,
원치 않는 일을 당해서,
꿈이 무너져서,
갈 곳을 몰라 그냥 망망해서,
그렇게 애썼는데도 아무런 소망조차 없어서,
햇볕이 너무 강렬해서,
석양의 노을이 붉어서.

때론 삶에 분리가 필요합니다.

슬픈 것은 슬픈 것이고, 배고픈 것은 배고픈 것이고,
눈물 나는 것은 눈물 나는 것이고, 해야 할 일은 해야 할 일이고,
지는 해는 넘어가지만, 또다시 해는 떠오르는 것이고.

삶이 아픈 것은
그와 같은 분리가 자동으로 이루어지지 않아서입니다.
아파할 만큼 아파해야,
눈물 흘릴 만큼 눈물 흘려야,
쓰릴 만큼 쓰려야,
제자리 잡아 흘러가야 할 곳으로 흘러갑니다.

삶에는 지혜가 필요합니다.
기쁨을 잘 관리하는 지혜도 필요하고,
슬픔을 잘 관리하는 지혜도 필요합니다.
웃음을 잘 관리하는 지혜도 필요하고,
고통을 잘 관리하는 지혜도 필요합니다.
이런저런 삶의 과정을 거쳐 결국 우리 삶은 꾸덕꾸덕 굳어져
견고해집니다.

비가 쏟아지면 구름이 담고 있던 물기가 다 흩어져야 그치는 법입
니다. 비 오면 비 맞고, 우산 쓰고, 추녀 끝에 피해 있다 가고, 눈

오면 미끄럼 타고, 구경하고, 조심조심 걸어가면 됩니다.

때로는 하늘 한번 쳐다보고 터벅터벅 가는 게 인생입니다. 우리 삶은 이러니저러니 해도 결국 마지막 저 선까지 가야 끝납니다.

🌲🌲 어려울 때
가져야 할
생각

살다 보면 어려운 때 있습니다.
좋은 때 있다면 어려운 때 있는 것은 당연합니다.
문제는 어려운 때를 만났을 때, 그것을 어떻게 받아들이고
처리하느냐에 따라
우리 인생의 많은 부분이 달라진다는 점입니다.

놀라는 사람이 많습니다.
순간에 정신이 혼미해져서 균형 감각을 잃고
가장 어리석은 행동을 하는 사람도 있습니다.
정신 차리고 담담히 실패를 파악하고,
그 상태에서 최선을 다하는 사람도 있습니다.

삶은 항상 가장 좋을 때 어떻게 대처하는가와
가장 어려울 때 어떻게 대처하는가에 따라
그다음 남은 날들에 큰 영향을 끼칩니다.

어려울 때 가져야 할 생각과 행동은,
마음이 놀라거나 당황하지 않고
그 상태에서 할 수 있는 최선을 다해야 합니다.

눈앞의 상황에 연연하지 않고,
놀랍고 당황스러울수록 목표를 생각해야 합니다.
다른 사람들이 요동한다면, 정말 좋은 기회라 여겨
이때 무엇인가 진보해야 합니다.

어찌 생각하면 우리 삶은
위기관리 능력과 복원력에 의해 결정됩니다.
누구나 어려움을 겪을 수 있고,
언제나 위기에 위기가 닥칠 수 있기 때문입니다.

이 시대에 필요한 것은 용기입니다.
어려움을 어려움으로 여기지 않으며,
다른 이들이 보면 질릴 정도로 차분하여

오히려 다른 이들을 위로하고 격려하며,
위기를 기회로 삼아
리더로 우뚝 서는 지혜가 필요합니다.

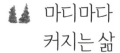

마디마다
커지는 삶

삶은 늘 우리가 원하는 대로 움직여주지는 않습니다. 오히려 우리
가 원하는 바와 반대로 가서 야속할 때가 많습니다. 그래서 우리
는 가슴도 아프고, 상심의 슬픔에 삶의 기운이 쇠하고 희미해져
가기도 합니다.

웬만큼 지내는가 하면 또 어김없이, 혹은 한순간에 광풍처럼 다가
온 삶의 시련은, 우리 삶을 송두리째 구덩이에 몰아넣어 곧 인생
을 망가뜨릴 것처럼 아픔과 고통을 주기도 합니다.

지금은 눈물겨워 애처로운 삶이 연속인 것 같지만, 후에 지나고
보면 어느 순간엔가 그때가 좋고 괜찮았다는 생각이 들 때가 있을

것입니다. 삶의 가변성과 의외성은 삶의 현재에 대한 평가를 늘 새롭게 하고 또다시 그 의미를 부여합니다.

생각합니다.
광풍처럼 휘몰아쳐 우리 삶을 눈물 바람으로, 탄식과 회한으로 포기 직전까지 몰아갔던 순간의 뜻과 의미가 무엇인가를. 그러나 모든 것이 지나고 조금 여유 있게 현재를 바라본다면 그것 역시 삶의 한 구간이고 마디였습니다.

대나무는 마디를 통해 더 굵고 단단하게 자랍니다. 마디 없이 쭉 자랐다면 단단함도, 높이도, 그 뻗어 오르는 기세도 가질 수 없었을 것입니다. 그 마디가 있기에 하늘을 향해 마디마디를 딛고 자라고 또 자랍니다.

추위와 더위를 겪었기에 생겨난 나이테 역시, 시련의 자취이며 그것을 이겨낸 강함의 표식입니다. 하늘 향해 곧게만 자라는 나무는 없습니다. 그렇다면 그것은 힘도 능력도 없는 허울일 뿐으로, 한 순간의 강풍에 흩어져 날아갈 것입니다.

마디는 우리 인생을 강하게 하고, 더 위로 힘차게 뻗어가게 하는 축복의 아픔입니다. 삶이 아프고 가슴 시리고 애련의 고초가 극

심할 때, 고통을 견디지 못해 삶을 포기하고 싶을 때, 그것은 다만 삶의 한 마디일 뿐이고, 그 아픔을 토대로 더 장대하게 됨을 믿어야 합니다.

🌲🌲 엄지손가락

주일 예배 후 권사님 한 분이 찾아오셨습니다. 이번 주에 수술받을 예정이어서 기도 받기를 원하셨습니다. 수술받아야 할 부위는 오른손 엄지손가락이었습니다. 손톱 부분에 암세포가 생겨 오른손 엄지손가락을 절단해야 하는 상황이었습니다.

처음에는 그냥 잉크 방울 떨어진 것처럼 까맣해서 신경 쓰지 않았다고 합니다. 아프지도 않아서 그냥 지내셨답니다. 그런데 피부과 그리고 큰 병원에서 조직검사를 해본 결과, 피부암으로 판명되어 오른손 엄지손가락 전체를 절단하게 된 것입니다. 그나마 엄지손가락만 절단하면 다행인데, 림프샘까지 전이되었으면 수술 부위는 훨씬 더 넓어질지도 모른다고 하셨습니다. 지금 상태에서는 엄지손가락만 절단하는 선에서 끝나는 것이 최선이라고 설명하셨습니다.

손을 잡고 기도해드렸습니다. 자꾸 손을 내려다보시고, 다른 손으로 그 손가락을 자꾸 만지작거렸습니다. 목사님이 손을 잡아 악수해줄 때 참 좋았었다고 말씀하셨습니다. 기도 마치고 그 엄지손가락을 만져드렸습니다. 다음에 만날 때는 그 엄지손가락을 다시 잡아드릴 수 없을 것이기에….

여러 스쳐가는 정한이 있을 텐데도 의외로 무덤덤하셨습니다. 하지만 그 마음이 얼마나 쓰리시겠습니까. 별것 아닌 것 같았는데 이렇게 큰일로 다가온 것에 관한 안타까움, 더 큰일이 아니기를 바라는 간절함, 의연해지려고 애쓰시는 의지력 등 모든 마음이 복합적으로 느껴졌습니다.

목사는 성도들의 여러 어려운 심정을 함께 느끼며 기도하고, 아파하기도 하고 기뻐하기도 합니다. 지난 주일은 간단히 설명하기 어려운 여러 감정이 교차했습니다. 물론 건강상 더 큰 어려움을 지닌 성도님들도 있습니다. 그 권사님은 그래도 나은 편입니다. 하지만 그래도 이제까지 있었던 신체의 한 부분을 다시 볼 수 없다고 생각하면 얼마나 허전하겠습니까. 다음 주부터는 권사님과 악수를 해도 그 엄지손가락은 다시 잡아드릴 수 없다고 생각하니 마음이 참 황망했습니다.

살다 보면 이제까지 당연히 있는 것이고 누리고 있는 것인데, 어느 날 갑자기 그것이 내 생활의 범주에서 없어지는 경험을 합니다. 당연히 옆에 있을 줄 알았던 사람이 옆에 없고, 당연히 호흡하고 누리고 있던 익숙한 삶의 일상들이 이제는 멀리서 바라보고 추억해야만 하는 때가 있습니다. 정신 집중해 어떤 사물과 사항을 기억하고 결정하는 것, 말할 수 있는 것, 소리 들을 수 있는 것, 냄새 맡을 수 있는 것, 감각 느낄 수 있는 것, 손으로 무엇인가를 쓰고 만들고 할 수 있는 것, 부축받지 않고 걸어 다닐 수 있는 것, 햇빛 받으며 걸어 다닐 수 있는 것, 어떤 아이디어가 떠오르는 것….

너무나 귀하고 소중한 것들을 우리는 특별히 의식하지 않고 최대한 누리고 있습니다. 우리는 어떤 작은 결핍 한 가지만 있어도 불편을 느끼고 괴로워하지만, 사실 그 상태에서도 기쁘고 감사할 수 있는 일이 너무 많습니다. 없는 것 가슴 아파하지 말고, 있는 것 덕분에 감사하고 기뻐하며 사는 것도 큰 지혜입니다. 이번 주는 자꾸 제 엄지손가락에 눈이 가고, 또 오므렸다 폈다 하게 됩니다.

🌲🌲 서로
장례
치러줄 벗

요즘 '서로 장례 치러줄 벗'이란 말이 자주 떠오릅니다. 인생 먼길 가다 보면 우리는 이런저런 사연으로 많은 사람을 만납니다. 통계로는 사람이 평생 의미 있는 만남을 이루고 가는 사람은 200명이 채 안 된다고 합니다. 물론 스치는 사람은 많을 것입니다. 그러나 마음을 나누고, 삶의 가치를 공유하고, 내 삶에 영향을 끼쳤고, 헤어지면 슬프고 가슴 아픈 사람은 의외로 그리 많지 않습니다.

그런데 살다 보면 그런 사람이라도, 어렵게 만나서 공들여 관계를 이루다가도 한순간에 그 모든 것을 후루룩 버리기도 합니다. 실망해서, 분노가 일어서, 싫어져서, 보기조차 또는 생각조차 하고 싶지 않아서입니다. 더 나아가 그가 망하거나, 다시는 이 세상에서 마주치지 않기를 바라는 마음마저 생겨, 그 사람을 내 마음속에서 지워버리고 싶고, 지난 만남을 후회하기도 합니다.

내 마음을 나도 알 수 없을 때가 많습니다. 평생 좋을 것 같고, 내게 기쁨이었던 사람이 하루아침에 싫어질 줄 몰랐고, 관심도 없고 가까워지리라 생각도 못 했던 사람이 어느 날 새롭게 느껴질 때도 있습니다.

우리 인간의 한계와 삶의 불가측성입니다. 삶에는 버려야 할 것도 있고, 버리지 말아야 할 것도 있습니다. 사람과 관련해서는 내 마음에 자리 잡은 사람 중에 한때라도 고마웠던 사람, 오래 마음을 나누었던 사람, 내게 좋은 영향을 주었던 사람, 선한 일을 위해 함께 애썼던 사람은 버리면 안 됩니다. 지금 나를 아프게 하는, 내가 전에 좋아했던 사람도 버리고 싶을 때 서둘러 버리지 말고, 그냥 묻어두고 미루어두었다가 다시 꺼내어 보아야 합니다.

어느 순간, 시간이 빛바래고 열정이 식으면, 우리는 같은 내용을 다시 평가하게 됩니다. 빛나는 색채와 열정만이 우리를 아름답게 가꾸지는 않기 때문입니다. 희미한 생각의 잔재와 추억의 빛깔과 지난 시간을 회상하는 시간은 우리 마음에 의외의 변화를 가져옵니다.

이제 이만큼 살았다면, 피차 누군가 먼저 떠나면 서로를 위해 장례 때 슬피 배웅해줄 수 있는 벗일 수 있도록, 내 마음에 일어나는 서운함과 미움 버리고, 끝까지 내 곁의 사람 버리지 않는 마음이 필요합니다.

🌲🌲 리모델링

가끔가다 돌아볼 필요가 있습니다.
잘하고 있는지,
바르게 가고 있는지.
무엇을 고쳐야 할지,
어떻게 바꾸어야 할지.

요즘은 자주 무엇이 문제인지 살펴보아야 한다는
생각을 합니다.
다른 사람이 아니라, 삶의 상황이 아니라,
바로 나 자신에 대해서입니다.

어떤 일이든 확신에 차 자신감이 넘치던 때가 있습니다.
그러나 시간이 흐르면 흐를수록,
그 자신감보다는 신중함과 사려 속에
생각이 깊어지는 것은,
지나온 삶의 부끄러움과
잘했다고 생각했던 것의 또 다른 면을 보았기
때문입니다.

평가라는 것이 덧없다는 생각이 듭니다.
하지만 삶에는 기준이 있어야 하니
평가도 있어야 합니다.

공간 가득히 매미 울음이 채워집니다.
엄지손톱만한 곤충 한 마리가 깊은 여름의 도래와
그 여름이 이제는 가게 되리라는 것을 알려줍니다.

나뭇잎이 나는 것도,
꽃이 피는 것도,
잎이 지는 것도,
바람이 부는 것도,
자연은 우리에게 삶의 의미를 깨닫게 해줍니다.

돌아보라고 말합니다.

가야 할 길 남았으면

인생 다시 만져 다스려 가라고 합니다.

우리 삶에도, 우리 성품에도, 우리 마음 씀에도,

리모델링이 필요합니다.

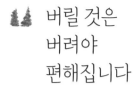 버릴 것은
버려야
편해집니다

살아가면서 어려워지는 것은 어떤 것을 덜 가져서 어려운 것도 있지만, 의외로 버리지 못해서 그렇게 되는 때도 있습니다. 옷장, 냉장고, 서랍, 찬장, 서고, 창고, 마음 등등. 살펴보면 참 많습니다.

너무 쉽게 버리는 것도 문제지만, 가진 것 다 붙잡고 있는 것도 문제입니다. 때로는 가볍게 털어낼 것 털어내고, 정리할 것 단출하게 정리해서 가는 걸음을 가볍게 해야 할 때가 있습니다.

이 세상에 있는 모든 것 다 가질 수는 없습니다. 하나를 가지려면 그만큼 무엇인가 포기하는 것도 있어야 합니다. 그것은 결코 실패가 아니라 더 나은 것을 위한 선택입니다. 놓은 것에 대해 연연하지 말고, 택한 것을 기뻐하며 살아야 합니다.

우리 마음에 여러 생각이 있을 것입니다. 우리 삶에 여러 경험이 있을 것입니다. 그것들을 통해 우리는 삶의 지식과 구조를 형성하고 있습니다. 우리는 너무 사소한 일에 목숨 걸었던 때가 많았습니다. 마음 쓰지 말아야 할 일에 마음을 허비했던 때가 많았습니다. 이제는 이루고자 하는 최고의 아름다움을 위해 단순하게 정리하고 살아야 합니다.

버리면 의외로 편해지는 것이 마음이고 삶입니다. 간결해지면 생각보다 훨씬 더 가벼워지는 것이 삶의 발걸음입니다. 이제까지 우리는 우리 자신에게 너무 무거운 짐을 짊어지게 했던 것 같습니다. 이제는 좀 더 자유로울 필요가 있습니다.

집착, 분노, 섭섭함, 자기 연민, 보상받지 못함에 대한 억울함, 차별에 대한 슬픔, 이제 마음에서 정리하고 씻어내야 합니다.

다른 사람이 나와 얼마든지 다를 수 있다는 것을 받아들여야 합니다. 그래서 내가 그에게 필요하고, 그가 내게 필요하다는 것을 인정해야 합니다. 마음을 비우면 삶이 편안해지고, 이해와 사랑이 생기며, 기쁨과 행복이 찾아옵니다.

🌲🌲 아름다움을
남기고 가는 삶

비 젖은 나뭇잎들이 아파트 주차장 바닥을 덮고 있습니다.
밤사이 내린 찬비로 많은 잎이 떨어졌습니다.
날씨 차가워졌지만, 떨어진 잎들이 주는 스산함이
오히려 푸근하게 느껴집니다.

누구나 느끼는 상념이지만,
우리도 언젠가는 저 나뭇잎들처럼 떨어져
바닥에 누워있을 것입니다.
찬비 맞고, 그 위에 흰 눈 쌓여 모습을 감추기도 하면서요.

삶은 어차피 한 번 왔다, 한 번 가는 것입니다.

다른 것이 있다면, 무엇을 남기고 가느냐입니다.

짧은 만남에서도 우리는 아름다운 잔상을 남기기도 하고,
왠지 모르게 다시 스쳐도 아는 척하고 싶지 않은
부담을 남기기도 합니다.
다시는 만나지 않았으면 좋겠다는 혐오까지
남길 수도 있을 것입니다.

삶이 미숙하기에,
언어가 미숙하기에,
표현이 미숙하기에,
감정이 미숙하기에,
우리는 원하는 마음을 전하지 못하고,
이루고자 하는 것을 이루지 못하고,
늘 시간이 지나서 조바심치기도 합니다.

봄에 돋은 나뭇잎이 가을이 되면 물들어 떨어진다는 것을
우리는 너무나 잘 압니다.
그 자연의 법칙에서 벗어날 수 있는 자연은
아무것도 없습니다.

우리 역시 자연의 일부인데,
왜 우리는 그리도 미욱하게 내일 문득 떨어져
비 맞아 썩어질 것을 모르는지.
왜 그렇게 주장하는 것이 많으며,
왜 그렇게 분노하는 것이 많은지.

오늘 하루 숨 쉬었으면 감사하고,
내일 또 하루 숨 쉬게 되면 더 감사하고,
삶에 붙어있다 어느 날 바람 불어 떨어지면,
그 감사함에 훨훨 춤추며 가야 할
삶의 안식처를 향해 날아갈 것입니다.

아름다움을 남기고 가는 삶을 삽시다.

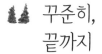 ## 꾸준히,
끝까지

어떤 일이든 쉽게 되는 일치고 가치 있고 중요한 일은 없습니다.
의미 있고 훌륭한 일은 이루기 어렵고 힘이 든다는 뜻입니다. 우
리가 살아가는 삶은 그 힘든 일을 이루어야만 아름다워집니다.

삶에는 잘될 때도 있지만, 힘만 들고 아무 결실이 없을 때도 많습
니다. 그 고통의 때를 믿음의 소망을 가지고 인내해야 합니다. 때
로는 눈물로 골짜기를 통과하지만, 그 시간이 다 채워져야 희망의
언덕에 서게 됩니다.

이러한 때 우리에게 아주 중요한 단어가 있습니다.
바로 '꾸준히'와 '끝까지'입니다.

많은 사람이 '꾸준히'를 실행하지 못합니다. 아무리 힘들어도 결실이 있고 박수도 있으면, 그것은 할만합니다. 그러나 힘은 다했는데 눈에 띄는 열매가 없을 때, 우리는 실망하고 탈진합니다. '꾸준히'는 이때 발휘해야 하는 덕목입니다.

좋아도 꾸준히,
싫어도 꾸준히,
열매가 있어도 꾸준히,
열매가 없어도 꾸준히,
손뼉을 쳐줘도 꾸준히,
아무도 안 알아줘도 꾸준히.

그러다 보면 어느 순간, 나도 모르는 사이에 이미 오려고 했던 위치에 올라 있는 우리 자신을 발견하게 됩니다. 성취와 성공이 우리를 원하는 자리에 올려주는지는 알고 있었지만, 수많은 실패와 아픔이 우리가 올라서려는 언덕의 계단이었음은 의외로 늦게 알게 됩니다.

또한 '끝까지'입니다. 아마 이 단어의 의미를 이루는 사람은 '꾸준히'보다 더 희귀합니다. '꾸준히'를 이루되, '끝까지'여야 합니다. '꾸준히'를 '끝까지' 하는 사람은 이 세상 그 어떤 것도 두려워하지 않습니다. 이 두 가지를 동시에 이룬다면, 우리는 분명히 원하는 소원을 이루는 자리에 서게 될 것이기 때문입니다.

언제나 두 손에 '꾸준히'와 '끝까지'란 두 개의 구슬을 만지작거리며, 승리의 자리까지 반드시 이르기를 바랍니다.

3
장

봄여름가을겨울
그리고 당신

삶도 걸음도 생각도 한 자리에 머물러 있지는 않
습니다. 가고 또 가고 스쳐가면서, 우리는 여러 삶
의 의미를 느끼고, 누리고, 호흡하며 살아갑니다.

아침
소회

특별새벽기도회 첫날입니다. 특별이라 이름 붙이면, 특별히 많이 모여서, 특별히 간절히 기도합니다. 가끔 특별이라는 수식어를 붙일 필요가 있다고 생각합니다. 우리 인생이, 늘 모범적이고 늘 그럴듯하게 살지는 못하지만, 그래도 어떤 계기를 만들어서 우리가 가야 할 곳과 해야 할 것을 다시 한번 살피는 것은 의미 있습니다. 그래서 오늘은 마음이 상당히 좋습니다. 늘 샤워만 하다가 가끔 뜨거운 물에 몸을 푹 담그는 것도 필요하다고 표현하면, 지나친지….

아침을 맞고 있습니다. 아침의 느낌과 기운이 주는 그 기쁨과 기대와 삶의 선명함은 마음을 밝히고 맑게 하기에 충분합니다. 아침을 바라보다 갑자기 다시 스쿼트를 시작하고, 집 계단을 걸어 올라야겠다고 생각했습니다. 늘 잊고 있다가 다시 생각하는 삶의 정형은, 아침을 맞으며 또 상념에 빠질 필요를 확인시킵니다.

아직 꽃을 못 보았습니다. 하지만 성도들이 개나리꽃 사진을 찍어서 보내주신 것을 보니 봄이 왔습니다. 창밖의 갈색 잎 담고 있는 나무에서는 아직 봄을 볼 수 없지만, 앞산 길에 서 있는 빈 가지 나무 끝에서는 물오르는 봄의 기운을 느낄 수 있었습니다. 그래서 오늘 아침은 유심히 창밖을 바라보며, 같은 나무에서 봄을 느끼려 유리창을 열고 오래오래 유심히 바라보았습니다.

아침이 좋습니다. 아침마다 기운이 나고, 소망이 솟고, 꿈을 확인하고, 해야 할 일들 열거해서 알뜰히 챙겨 또 하루를 열어가고, 이미 열려 있는 날의 의미를 완성해갑니다. 삶은 꿈이고, 꿈은 삶이며, 우리는 그 삶 속에서 꿈을 꾸며, 그 꿈속에서 삶을 살아갑니다.

봄의
활기를
느끼며

이번 주면, 3월도 초순을 넘어 중순으로 넘어갑니다. 우리 마음에 3월이면 무조건 봄입니다. 추워도 겨울이 아니고, "봄인데 날씨가 차갑다."라고 말합니다. 아무리 찬 바람 불고 기온 낮아도 마음은 봄입니다.

봄이 되면 우리 마음은 왠지 모르게 기대되고 설렘도 있습니다. 입시에 실패해 재수학원을 찾는 학생의 쓰라림이 있어도, 잃어버린 사랑과 꼬여버린 인간관계의 아픔이 있어도, 빚이 걱정돼 마음이 오그라드는 가슴 아픈 심정이 있어도, 봄은 먼산을 바라보는 우리 눈에 어른거리는 꽃잎의 난무를 허공에 영사합니다.

봄은 우리에게 소망을 가지게 하고, 어떤 것이든 해보고자 하는 마음을 선사합니다. 풀잎 파릇한 새싹을 보며 마음의 힘이 살아나고, 매일매일 삐죽이 자라는 자연의 경이로움에, 우리도 무거운 눈꺼풀 들추어 깨어나고, 일어나고, 달려보고 싶어집니다.

하루가 다르게 피어나는 세상을 채색하는 자연의 풀빛 색에 내 마음도 푸르러지고, 다시 살아보고 싶고, 무엇이든 해보고 싶고, 뭔가 할 수 있을 것 같아집니다. 봄의 선물입니다.

어렵게라도
이루면
됩니다

3월의 중순을 지나고 있습니다. 이제 곧 벚꽃의 시기가 다가옵니다. 하늘마저 가리며 지상을 덮는 벚꽃의 눈부신 화사함. 바람에 흩뿌려 날리는 꽃비. 바닥을 뒤덮어 아름다움의 절정을 다시 선사하는 낙화의 위엄. 꽃세상을 기대하고 며칠을 기다려봅니다.

빛나는 며칠을 위해, 긴 겨울을 마른 가지로 지냈고, 길고 긴 날을 꽃 떨어진 이파리로 지낼 것입니다. 이미 절정을 사용한 자의 이류 존재가 아니라, 삶의 시간은 때마다 그 자체로 빛을 생성하고 초록을 보여주며 서 있을 것입니다. 벚나무는 꽃이 피었을 때만 의미일 수 있습니다. 그 짧은 시간 외에는 그 나무가 벚나무인지도 알 수 없는, 그냥 서 있는 나무일 뿐입니다.

그러다 이맘때쯤이면 또다시 관심을 받기 시작하고, 여린 가지에 꽃잎 몇 개 달리기 시작하면 만개를 향한 열광이 시작됩니다. 반짝한 영광. 화려한 잔재. 너울거리는 기억의 그림자. 그렇게 또 봄이 갈 것입니다. 꽃의 계절. 꽃을 기다리는 마음에, 아직도 아름다움과 그리움이 있어 감사합니다. 세상과 사람들을 축복하고 싶은 마음이 있으니 감사합니다. 미워하는 것보다는 사랑하는 것이 편하고, 포기하는 것보다 애써 이루는 것이 더 편안합니다.

하루하루 쉽지 않은 일 많습니다. 쉽지 않은 일은 어렵게라도 이루시면 됩니다. 어렵게 이루는 일이 더 오랫동안 꺼내보는 소중한 사진첩이 됩니다. 꽃 피어서 가슴 아프지 마시길. 그 꽃을 보면 달려가고 싶은 향기로운 사람 되시길.

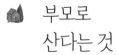 # 부모로
산다는 것

이번 주는 어버이주일입니다. 부모에 대해 설교하고, 부모에 관해 칼럼을 쓸 것입니다. 오늘 새벽도 노트북 모니터를 펴놓고 생각에 잠깁니다. 하늘나라 계신 부모님 생각하면서 가슴에 눈물 맺히지 않을 사람이 어디 있겠습니까. 감사한 생각과 웃고 떠들던 추억도 우리 가슴을 메우는 기억이지만, 가슴 아픈 것은 그분들이 우리에게 향했던 애틋한 마음과 가없는 희생입니다.

지금도 부모님 생각을 하면 가슴에 눈물이 고입니다. 고마움, 죄송함 그리고 기억 속에 남아있는 추억의 아픔과 따뜻함입니다. 저는 요즘도 구운 김을 부숴 얹은 비빔국수를 대하면 14년 전에 돌아가신 어머님 생각이 납니다. 요즘은 제게 특별한 기간입니다.

큰아이가 한 달 반 정도 후면 자신의 가정을 이루어 우리 곁을 떠납니다. 천 번이 넘는 결혼 설교에서 언급한 대로, 부모를 떠나 독립하면서 자신의 가정을 이룰 것입니다. 이 세상 떠날 때까지 부모이고 자식이겠지만, 성년이 되어 의식분화를 이루었으니 여기까지가 우리의 인연이었다고 생각하며, 먼발치에서 지켜보면서 기도하고 사랑하게 될 것입니다.

며칠 전 우편으로 배달된 딸의 손편지를 읽으며 제 삶의 또 한 시대가 지나는구나 하고 느꼈습니다. 그 나이 즈음에 저도 가정을 이루었고, 꿈을 가졌으며, 굴곡진 인생길을 넘어 오늘에 이르렀습니다. 그도 그 길을 가겠지요. 그리고 또 한 세대가 가면 어떤 느낌과 형태든, 저의 이 심정을 복기하겠지요.

가정을 이룬 후 얼마 안 되었을 때, 《모든 새끼 오리에게는 아빠가 있었다》라는 책을 읽었습니다. 아이가 어떤 지명을 물어보면, 그 지역과 관련된 방대한 정보를 정성껏 설명하는 내용입니다. 저는 당연히 그리고 확실히 그런 아빠가 될 것이라고 믿었습니다. 그런데 아빠가 된 후, 저녁에 들어가 아이들이 책을 읽어달라고 하면, 아이들이 잠들기 전에 책 읽어주다 제가 먼저 잠들어버리는 아빠였습니다.

아이들이 커가면서 제 의견과 달리 대들 때는 그들의 논리가 자랐고, 대들 만큼 담대해졌다고 생각해서 기뻤습니다. 큰아이가 고등학생일 때 "아빠, 나도 내 기준이 있어."라고 하는 말에 그를 독립 개체로 인정했습니다.

부모는 부인할 수 없는 근원, 쉴 수 있는 고향입니다. 부모인 것은 감격과 축복이자, 가시고기입니다.

빗소리

빗소리가 좋습니다.
새벽기도 중 들리는 빗소리가 좋습니다.
자동차 지붕을 두드리는 그 소리가,
설렘으로 개울을 건너던 먼 기억 속의 빗소리가 좋습니다.
교회 수련회 도중 장대 빗소리에도,
그 빗소리보다 더 뜨겁고 간절한 절규의 호소,
간구한 함성의 배경이 되었던 빗소리가 좋습니다.

산길 걸을 때,
모자 끝 타고 흘러 입술로 스며드는 빗물과
콧등을 스치는 빗방울들.

그와 함께 숲속의 빗소리가 좋습니다.

바라보며 비 구경하는 창가를 스치는 빗소리가,
아스팔트 도로 젖게 하고, 검어진 표면을 치는 빗소리가 좋습니다.
아스라한 추억을 떠올릴 때마다
물안개 배경으로 떠오르는 인생의 징검다리를 건너는 모습들,
빗소리는 언제나 입가를 올려 웃게 합니다.

빗소리에는 들리지 않던 그리움의 음성이 들립니다.
삶은 그리움에 눈떠
환희로 허공을 바라보며 살다가
감격으로 눈 감으니,
감은 눈자위 끝으로 흐르는 눈물이
귀에 흘러들어 먹먹해지는 여정인 듯합니다.

오늘도 우리는 또 그렇게 삽니다.
새벽기도회 빗소리가 참 좋습니다.

여름이 오는가 봅니다.

여름
소리

시냇물 흐르는 소리가 온 천하를 채우고 있습니다. 그 함성을 뚫고 매미 울음소리도 쩌렁쩌렁 울리고 있습니다. 쨍쨍한 햇볕이 달아오른 공간에 어울릴 듯, 배척할 듯 두 소리가 천지를 제압하고 있습니다.

계절마다 소리가 있습니다. 꽃망울 터지고 새싹이 돋는 봄의 소리. 나뭇잎 떨어지고 밤송이 떨어지는 가을의 소리. 눈 내리고 눈 쌓이며 강이 얼어 터지는 겨울의 소리.

인간을 포함한 자연은 여러 모습으로 자신의 존재와 상태를 표현합니다.

때로는 소리로
때로는 표정으로,
때로는 향기로
때로는 몸짓으로.

상대의 언어를 잘 알아들을 수 있다면 그는 행복할 수 있고, 행복하게 할 수 있는 사람입니다. 삶의 언어는 너무 다양하고, 속 깊기에 그것을 파악해야만 행복할 수 있습니다. 표현 미숙한 이의 그 마음마저 읽어줄 수 있다면, 그는 행복할 자격을 가진 사람입니다. 자연의 언어를 해독하고 대화할 줄 안다면 그는 행복을 나눠줄 자격이 있습니다.

우리는 어쩌면 본래 자연의 음성을 해독할 수 있었던 것 같습니다. 오랜만에 들어보는 자연의 소리가 낯설지 않고, 이따금 대하는 적막의 소리조차 어렴풋한 익숙함으로 느껴집니다. 그악하게, 쫓기며, 남을 이겨야 한다고, 내 생각이 옳다고 모질게 주장하며 살다 보니, 이미 다른 소리는 들리지 않고 내 귀에 내 목소리만 들리는 것 같습니다.

청년들 수련회 함께 와서 이틀째 있습니다. 창문 열면 가슴 흠뻑 여름의 소리가 들려, 어제오늘 그 소리에 취해 있습니다. 자연과의 대화는 참 편안합니다. 인간은 이야기를 들으면 대답을 해주어야 하는데, 자연의 이야기는 듣고만 있어도 됩니다. 편안한 사람이 되려면 어떻게 해야 하는지, 아이디어를 얻고 갑니다.

비가 온다

비가 옵니다. 장맛비입니다. 눈앞에 없는 것이 눈에 보입니다. 장독대 독 위에 비가 떨어져 청명한 소리와 씻김의 청량함을 함께 줍니다. 집마다 있는 조그만 꽃밭 위에 비가 오는 모습이 보입니다.

꽃잎에 맺힌 빗방울. 비 내려 적셔진 꽃밭 흙의 편안함과 푸근함. 나팔꽃, 분꽃, 사르비아, 맨드라미, 채송화, 호박꽃, 금잔화, 해바라기 등 집집 마당에 자라는 예쁜 꽃들이 눈에 보입니다.

소설 속 비는 대개 욕망을 의미하지만, 오늘 새벽의 비는 인생에 대한 그리움이고 애잔함이며 푸근함입니다. 빗소리가 더 깊어지고, 가깝게 귀를 스치고 마음을 스칩니다. 잦았다가, 격했다가, 비

도 리듬과 박자를 타고 내립니다.

자연의 모든 섭리는 일정함을 느끼게 합니다. 삶도, 마음도, 사랑도, 일도, 힘도, 기쁨도, 슬픔도, 박자와 리듬을 가집니다. 당김음과 스타카토는 아직도 재미있습니다. 삶에서도 아이의 천진함이 포함된 장난은 재미있습니다.

삶이 지친 노동이 아닌 놀이가 되는 은총의 축복을 누리기를…. 비가 마음을 적십니다. 편안히 잠들고 싶습니다. 그러나 기도하던 자리에서 일어서면, 또 무엇인가 열심히 움직일 것을 압니다.

삶이란 바람의 무게가 얹혀 방향이 정해지고, 모든 힘이 솟아나고 격랑으로 흐르나 후회하기 싫어 의미를 부여하는, 역사로 쌓여가는 한 권의 책. 오늘도 생각과 기도, 그 결과로 이루어지는 행위의 정형이 또 한 페이지를 이룰 것입니다.

어제 늦게 잠들어 피곤하지만, 느낌은 좋습니다. 피곤은 오전까지고, 점심때가 되면 희석되어 풀립니다. 삶의 위대한 복원력은 어느 곳에도 적용됩니다. 자연과 사랑의 힘, 긍휼의 힘을 믿습니다.

비 온 뒤
산의
아름다움

비 온 뒤에는 모든 것이 아름답습니다. 하늘도 말끔하고, 도로도 씻겨서 깔끔하고, 집 벽도 지붕도 씻겨져 개운합니다. 나무줄기도, 잎도, 그것을 바라보는 마음도 새롭습니다.

장마 중이라 이러저러한 비 피해 소식도 오갑니다. 이러한 중에 깨끗해짐을 기뻐하는 것이 죄송해지기도 합니다. 비 온 뒤 산에 가면 만물이 아름답다는 것을 확연히 느끼게 됩니다. 물안개 피어오르는 먼산의 아름다움뿐 아니라 동네 산조차 풀, 나무, 씻겨진 돌, 모두가 아름답습니다.

비를 좋아합니다. 사방 끈적한 것, 옷과 신발 젖는 것, 튀는 흙탕

물, 불편한 것도 있습니다. 밤에 내리는 비는 사람을 처량하게 만들기도 합니다. 큰비와 과한 비는 심지어 삶의 바탕까지 쓸어가 우리를 비탄에 빠뜨리기도 합니다. 그래도 그 비가 주는 씻김과 편안해지는 안정의 정서는 꽤 괜찮습니다.

여름의 추억은, 더위의 추억과 비의 추억입니다. 그중 더 깊이 남아있는 기억은 비와 관련된 것들입니다. 비는 세례처럼 씻겨 맑게 하고, 샤워처럼 청량케 하며, 그리움을 떠올려 그윽이 만드는 축복입니다.

비 온 뒤에는 되도록 산에 오릅니다. 숨쉬기 편합니다. 풀잎에 맺힌 빗방울이 신발을 적시고 바지까지 젖어도, 그 모든 것이 싫지 않고 가슴 편안함과 대화를 주며, 비를 맞으면 돌멩이들까지 편히 이야기합니다. 산에 가다 비를 맞으면 시원합니다. 그 비 그치고 밝은 햇살 비추면, 빗방울 품은 잎새들의 반짝임은 은총입니다.

삶에도 비가 내립니다. 기다리던 비뿐 아니라 피하기를 원했던 비까지 내려 삶이 우중충하고 바닥까지 가라앉을 때 있습니다. 폭우일 수도, 바람 포함한 태풍일 수도 있습니다. 그러나 우리는 그 많은 물과 바람이 스쳐간 햇빛 찬란한 다음 아침을 기대하며, 웅크려 기다려야 합니다. 비로 씻겨간 자리의 아침은 새로운 세상을 열고, 새로운 빛과 남은 물상의 의연과 빛남을 조명합니다.

비 온 후의 산이 아름다운 것처럼, 마음 비 내리고, 슬픈 비 내린 삶의 정경도 씻겨지면 아름답습니다. 요즘 삶이 그렇게 편치 않습니다. 비는 쌓였던 찌끼, 지속될 것 같은 어려움에 대한 염려, 삶의 막막함에 대한 허망한 느낌, 다 씻어 맑게 합니다. 비 온 후의 산이 아름다운 것처럼 내 삶도, 우리 삶도, 비 내려 씻어주면 아름다워집니다.

🪨 무더위가
기회입니다

5월인데도 한여름 같은 더위가 이어졌습니다. 에어컨을 별로 좋아하지 않는 저는 문을 열어놓다, 에어컨 잠시 켰다 껐다 반복입니다. 그러나 싫지는 않습니다. 모든 날씨는 그 나름대로 묘미가 있기 때문입니다. 이제 6월이 되었으니 본격적으로 더위가 올 것입니다. 저도 오늘 아침부터 반소매 드레스셔츠를 입기 시작했습니다. 전에는 여름에도 긴소매 드레스셔츠만 입었는데, 언젠가부터 반소매를 입었더니 그리됐습니다.

요즘은 그저 매사를 마음 편안히 가지려고 애를 쓰고 삽니다. 그런데도 불쑥 더 열심히 살아야겠다는 생각이 들고는 합니다. 제가 좀 편안해져야 제 주변 사람들도 편안해진다 생각하면서도, 뭔가를 열심히 해야 마음 편하고, 무엇인가 삶에 덜 미안한 것 같은 심정은 아직도 있습니다.

제가 이런 말 하면 우리 목사님 또 병이 도진다고 생각할지 모르겠지만, 하여간 더운 여름이 오면 기분이 좋습니다. 더워서 무엇인가 좀 늘어진 분위기라면, 더 열심을 내는 것은 상당히 상쾌한 일이기 때문입니다. 더운 것, 추운 것, 기분 좋은 것, 기분 나쁜 것…. 그러한 것하고 우리가 해야 할 일 하는 것하고는 그리 상관없습니다.

바람은 부는 것이고, 우리는 가야 할 길 가는 것이고, 그것이 뭐 그리 큰일이겠습니까. 오히려 덥고 춥고 비 오고 날씨 나쁜 삶의 분위기는, 가야 할 길 꾸역이 가는 이들에게는 머뭇거리며 흔들리는 상황에서 더 나아갈 기회일 뿐입니다.

더워지면 뒤처졌던 한 걸음을 따라가고, 또 한 걸음 더 나아가 여유 있게 갈 기회입니다. 이런 때 싱싱하고 활기차고 시원한 마음과 표정 가진다면, 여러 사람에게 도움 줄 수 있습니다. 삶이 고독하고 힘들어도 굳은 마음 가지고 한 걸음 한 걸음 더 나아가면, 그것은 나 혼자 길을 열어가는 것만이 아니라 여러 사람의 마음과 길을 열어주는 것이 됩니다.

삶은 내가 힘들여 걸어간 자취가 길이 되고, 그 길을 바라보다 갈 수 있다고 생각해 따라온 이들에 의해 더 견고한 길이 됩니다. 그 길로 더 많은 이들이 오고감으로 삶의 기운과 행복, 기쁨을 길어 올리게 될 것입니다. 삶이 힘들고 어려우면, 무더위가 기회라 생각하고, 이 여름에 솟아오르시고 힘을 발휘하소서.

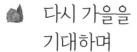 ## 다시 가을을
기대하며

또 한여름이 지나갑니다. 가슴에 물안개 피는 먼산의 아련한 기억도 있을 것이고, 벌써 이 여름이 내 곁을 스쳐 지나가는구나 하는 망연한 생각이 들 수도 있습니다. 삶은 늘 흡족해서 삶인 것은 아닙니다. 때로는 아쉬움과 안타까움이 그리움되어, 우리 삶을 맴돌다 꽃으로 피어나기도, 또 깊은 노을로 지기도 합니다.

한여름이 지나면 우리는 한 줌 회상을 가슴의 여울에 새기게 됩니다. 여행은 준비하는 시간이 기뻐서만도, 목적지에 이르러 즐거운 것만도 아닌, 그것을 기억하는 추억 속에서 아름다움으로 다시 피어나는 꽃입니다.

우리 삶도 지난여름을 반추합니다. 이루었던 일과 스쳐간 사람들, 잊히지 않는 인연들을 가슴에 품고 살아가며 삶의 미소와 노곤한 피로를 행복해합니다. 오늘은 어디서 우는지 매미 울음소리가 온 사위를 메웁니다. 매미 울음이 온 천하에 울리면 이제 여름이 가고 가을이 오는 신호입니다. 매미 소리는 며칠 뒤 귀뚜라미 소리로 바뀌면서, 가을이 옴을 느끼게 됩니다.

한 계절을 보내고 또 한 계절을 맞이하는 것에 아무런 감흥이 없다면 슬픈 일입니다. 삶은 때로 힘들고 애처롭지만, 우리는 그 가련함 속에서도 낭만과 기쁨과 삶의 희열을 느낍니다. 이제 곧 하늘이 높아 보이고 내리쬐는 햇볕이 뜨거움이 아닌 따스함과 익음을 줄 것입니다.

지난여름 무엇인가 애쓰면서 지냈고, 후회 없는 열정으로 우리 삶의 순간과 구간을 지냈다면, 가을바람이 불어 새로운 구간을 맞이할 때 왠지 힘이 날 것입니다. 기대되고, 무엇인가 할 수 있을 것 같은 자신감도 들 것입니다. 여름 내내 무더운 더위에도 애쓰면서 자신과의 경주를 당당히 치른 사람들은 가을을 기대합니다.

가을을 맞이하는 마음

가을이 오고 있음을 느꼈습니다. 흔들리는 나뭇잎의 느낌이 전과 같지 않아서입니다. 올가을은 정말 하루 한순간을 소중하게 음미하고 누리며 지내야겠다고 생각했습니다. 계절마다 소중하고 아까운 각각의 분위기가 있지만 가을은 특히 그렇습니다. 밥 안 먹어도 기분 좋을 것 같고, 바라만 보아도 그 풍광이 가슴을 푸근하게 만듭니다. 가을은 편지를 쓰고 싶은 마음이 들 만큼 시적 정서를 우리 가슴에 선사합니다.

올가을은 감회가 새롭습니다. 작년에는 가을이 시작되는 시점에 예상치 않은 발병으로 가을 내내 입원과 통원 치료로 시간을 보냈습니다. 어느새 가을이 가버리고, 제가 그렇게 좋아하는 한 해의 가을을 놓쳤습니다. 가을만 되면 숨 막히는 가슴의 감격이 그렇게 허무하게 가버리고 말았습니다. 문득 '가을이 왔구나' 생각하니 올해는 감정의 한 줄 한 줄도 다 놓치지 않겠다는 애틋한 욕심이 생깁니다.

삶은 의미와 가치를 느끼는 그 무엇에서 희열도 느끼게 합니다. 그리고 그것은 힘이 돼서 우리가 하고자 하고 할 수 있는 모든 일을 이루게 합니다. 책도 읽고, 차도 마시고, 이야기도 하고, 따스한 마음 표현도 해주고, 위로도 해주고, 기도하고, 말씀에 취하고, 계절에 취하고, 걷기도 하고, 숨차게 무엇인가를 위해 달리기도 하고…. 하여간 생각만 해도 벅찬 좋은 일들이 너무 많습니다.

올해는 그냥 마음 가는 대로 흘러가게 두어야겠다고 생각합니다. 무엇인가 해야만 한다는 가슴 졸임이 아니라, 그냥 마음 흘러가는 대로 두고 보고 싶습니다. 삶은 때로 통제를 통해 아름다움을 이루기도 하고, 때로는 흘러가는 길을 열어줌으로 아름다움을 완성하기도 합니다.

올가을에는 특히 사람을 위로하기 기대합니다. 내가 기쁘고 푸근해지면 옆에 있는 사람들 모두가 푸근해지리라 믿습니다. 강하게도, 때론 부드럽게도 살아야 합니다. 삶은 강과 약의 자연스러운 어울림으로 인해 더 깊어집니다. 이 가을에는 강한 분은 부드러워지고, 약한 분은 더 강해져, 계절의 한 호흡 한 호흡이 가슴 시리도록 그립고 애틋한 기쁨과 감격으로 가득하길 바랍니다. 가을이 오면 편지를 쓰는 그 마음이 우리를 행복하게 만듭니다.

호수 수면에 가을이 내리고 있습니다

새벽기도 마치고 어둑함을 벗은 시간에 공원에 나갔습니다. 앉아서 할 수 있는 기도는 앉아서 하지만, 걸으면서 할 수 있는 기도는 걸으면서 하는 것이 더 좋아서입니다.

생각도 하고,
기도도 하고,
마음의 결정도 하고,
계획도 세우고….

걸음은 마음을 정돈시켜주고, 집중시켜주며, 생각의 균형에 도움을 줍니다. 두 시간 못 되어 10킬로미터 정도를 걸었습니다. 몸도 마음도 자유를 얻는 것 같습니다.

삶은 마음 먹기 나름이며, 마음은 방향을 정하기 나름입니다. 기쁨도 슬픔도 객관화하면, 더 많이 그윽해질 수 있습니다.

수면에 비친 유채 물감이 가을의 다채를 마음에 그립니다. 자연의 계절이 아름다운 것처럼 삶도 아름다울 수 있다 말합니다. 아름다움을 느끼는 것은 마음의 상태입니다. 같은 거리도 다른 시간대에 걸으면 생각의 향취가 달라집니다. 마음도 주변의 영향을 받습니다. 같은 거리를 같은 시간대에 걸어도 생각의 여운이 같지 않을 때가 많습니다. 생각은 늘 흐르고 있기에 그렇다 여겨집니다.

삶도 걸음도 생각도 한 자리에 머물러 있지는 않습니다. 가고 또 가고 스쳐가면서, 우리는 여러 삶의 의미를 느끼고 누리고 호흡하며 살아갑니다.

우리 삶의 모든 생각과 의미와 형상을 아끼고 사랑하며 삽시다. 가엾은 인생 모두 사랑하고 살면 좀 더 따뜻한 마음으로 살 수 있습니다.

가을
소리

나뭇잎 흩날리는 바람 속에 가을의 소리가 들립니다.
소나무 높은 숲속에서도 가을의 소리가 들립니다.

바람에 눕고
바람에 일어나는
풀잎 스치는 소리 속에도,
가을이 담겨있습니다.

우리 마음에 담겨있던 가을을 향한 향취에서도,
가을의 소리는 어김없이 들립니다.

가을은 언제나 우리에게 생각하라고 말합니다.
가을은 언제나 우리에게 한 걸음 더 너머를 보라고 말합니다.
가을은 언제나 우리에게 돌아보지 못한 것을 돌아보라 말합니다.

전에는 듣지 못했던 소리를 듣게 되고,
전에는 느끼지 못했던 느낌이 들게 되고,
전에는 갖지 못했던 생각을 하게 되면,
우리는 더 나이 먹은 것인가 생각합니다.

삶은 연륜 속에서 깊어지고,
바람 속에서 익어갑니다.

오래오래 달렸어도 익지 못한다면,
우리 삶은 허무히 맛없는 과실이 되겠지요.

모양이라도 좋으면 다행이겠지만,
결국은 그 모양조차도 오래가지는 못하겠지요.

스쳐오는 가을바람 소리에
오늘도 마음 뒤척여보지만,
여전히 삶은 익지 못해 떫은 과육뿐이고

이루지 못한 꿈에 속상해하며 또 하루를 보낼 뿐입니다.

그러나
살다 살다 보면 어느 날 문득 가을바람이 스산하지 않고
푸근해질 때 있을 겁니다.

가을 소리가 들립니다.

가을
느낌

푸름을 품고 있는 잿빛 하늘이 가을의 깊어짐을 느끼게 합니다. 애면글면하며 하루하루를 쌓아갑니다. 어느 날 문득 제 무게에 무릎이 굽혀져 땅을 보게 되고, 가늘게 눈 뜨고 바라본 하늘의 아름다움을 품고 익어가는 것이 삶이 아닐까 생각합니다.

다 부질없는 일임에도 불구하고 애증과 오욕 속에 허우적대다가, 가없는 슬픔 속에 황망한 광야에 홀로서기도 합니다. 스쳐가는 바람이 시려 웅크리다가도, 또다시 불어오는 훈풍에 굳은 몸과 젖은 마음 펼쳐 말리기도 합니다.

알지 못했던 사람을 사랑하고, 알았던 사람을 미워하는 사이에 우

리는 흘러 흘러 삶의 여울을 지나, 어느덧 닻을 내려야 할 길목을 돌아서고 있습니다.

사랑과 미움이 하나이며, 만남과 헤어짐도 하나입니다. 그리움과 눈앞에 보고 있음도 하나이고, 가짐과 잃음, 이김과 짐도 하나입니다. 그것을 알게 될 때, 삶은 긴 오후의 해그림자를 드리우고 있을 것입니다.

언제부터 우리가 서로를 알았고, 어디서부터 우리가 함께 흘러왔는지, 어디까지 흘러가 이 세상 거죽에 우리의 흔적을 낼지, 그 모든 것이 소중하고 애틋함으로 다가옵니다.

창밖은 어두움이 내리기 시작하고 있으나, 마음에는 아직 가을빛이 남아 사위를 구별하고 있습니다. 우리의 식별은 눈이 아니라 마음으로 하는 것이 더 많으나, 그 눈을 떠 가을의 색과 빛을 볼 수 있음도 축복입니다.

나뭇잎이 무거워 떨어지고 있습니다. 이 가을에는 더 깊이 사랑하고 내가 아닌 다른 이를 가엾이 여기는 마음을 가져, 삶이 더욱 그윽해지게 하소서.

가을
서정

가을이 하루하루 더 깊이 물들어가고 있습니다. 푸른 초록이 하루하루 다르게 피어나듯, 그 속도와 마음의 정감으로 노랑과 붉음의 농담이 짙어지고 있습니다. 가을은 슬픔을 주고, 생각을 주고, 그리움을 주고, 마음의 깊이와 아름다움을 줍니다.

삶의 아름다움은 생각의 깊이와 따스함에서 옵니다. 어느 날 삶이 아팠을 때 그것은 쓰라림이었지만, 깊은 생각과 마음의 푸근함은 그 쓰라림을 아름다움으로 채색합니다. 삶이란 추억을 만들고 의미를 찾으며 사랑의 심정으로 바라볼 때, 비로소 화사하게 피어나는 꽃입니다. 그 꽃이 져도 우리는 잔상으로 남아있는, 삶의 꽃이 가진 아름다움을 기억하면서 살아갑니다.

목을 스치는 가을 아침의 한기를 사랑합니다. 삶은 느낄 수 있고, 소중히 여길 수 있는 몇 가지 요소로 행복할 수 있습니다. 고독은 슬프고, 자유롭고, 벗어나고 싶고, 버리고 싶지 않은, 마르지 않는 우물입니다. 가을은 고독이기에 아까운 것입니다.

삶은 나뭇잎처럼 물들어 떨어지고 흘러가고 쌓이고 밟히며 썩어지고 다시 피어날 것입니다. 몇 해를 지나며 쌓여 지면을 덮고 있는 낙엽이 아름다운 것처럼, 흘러가 쌓여 우리의 삶을 덮고 있는 생명의 잔재들은 아름답습니다.

오늘 아침에는 나이 많은 권사님이 제 방에 오셨습니다. 건강이 좋지 않으십니다. 오랜 세월 함께한 분입니다. 넥타이를 선물로 가져오셨습니다. 모든 것을 초월하신 듯 보였습니다. 기도하고 배웅하다 어머니 생각이 나서, 다시 모셔와 사진을 한 장 같이 찍었습니다. "담임목사님과 함께"라고 쓰고, 크게 확대해서 액자에 넣어 오늘 보내드리기로 했습니다.

언젠가 저는 이 사진 찍었던 이야기하며 권사님을 하늘로 보내드리는 예배를 집례하겠지요. 그것은 나뭇잎 한 잎 나서 물들었다 떨어지는 영원을 향한 자연스러운 발걸음일 것입니다. 가을은 생각이 깊고 그윽해져서 아름답습니다.

겨울은 춥고
외롭지만,
더 따뜻하기도 합니다

겨울은 춥습니다.

차가운 바람에 어깨가 우그러지거나 으쓱 올라가기도 하고, 추운 기운에 코끝이 빨개지고 콧물이 흐르며, 실내에 들어서면 안경에 서리가 끼기도 합니다. 눈앞에 보이는 사물 전체가 웅크린 것 같기도 하고, 얼어붙은 사위는 더 딱딱하게 느껴지기도 합니다.

겨울은 외롭습니다.

일찍 지는 해의 어스름과 이어지는 차가운 밤의 느낌은 우리를 춥고, 외롭고, 고독하게 합니다. 성애로 보이지 않는 유리창을 손이나 휴지로 닦아내 통로를 만들어봅니다. 그 통로는 푸근함을 주지만, 갇히거나 홀로 되어 통로를 찾는 외로움을 확인하게도 합니다. 낮은 기온과 짙은 어두움은 우리 마음도 닫게 하고, 차가운 바깥에서 바라본 유리창 너머 안쪽은 우리를 더 춥게 합니다.

겨울은 따뜻합니다.
스웨터의 포근함이나 걸쳐 입은 코트의 든든함이 우리를 따뜻하게 만듭니다. 입은 의복을 건네준 사람의 마음을 기억하면서 스쳐 간 인연도 훈훈하게 생각해야 합니다. 감싸쥔 큰 컵의 따뜻함을 오래 느끼고, 목울대로 넘어가는 쓰지만 친밀한 커피의 맛을 오래 머물고 있으면, 겨울은 그렇게 춥지만은 않습니다.

삶에 일방적인 것은 없습니다. 잿빛 하늘도, 짙어 검어진 별 없는 흐린 밤하늘도, 삶의 소중한 한 장면일 뿐입니다. 모두가 양면을 가졌고, 그 양면 중 어떤 것을 누릴지는 순간마다 선택입니다.

목사의 마음으로 보는 성도의 삶은 늘 가냘프고 가엽고 애처롭습니다. 그러나 또 다른 면을 보면, 하나하나의 삶은 다 행복하고 씩씩한 괜찮은 삶입니다. 그래서 슬프게 보려다가 도움이 될 것 같지 않아서, 가여운 연민으로 느껴지는 애틋함으로 기도하고 위로하며 용기 주는 손 내밀려 합니다.
겨울은 춥고 외로우나 따뜻하기도 한 것처럼, 삶의 시련과 아픔 곱씹으며 그윽하고 따뜻한 차 한 잔으로 오래오래 마십시다.

겨울나무

마른 잎조차 벗은 겨울나무 가지는
하늘의 시야를 제공합니다.

가질 때는 줄 수 없었던 것까지 버렸을 때
비로소 줄 수 있습니다.

나를 가리고 덮을 수 있는
풍성한 소유가
때로는

내게도

다른 이에게도
푸근함을 줄 수 있지만

어느 때는
떨어지고 쓸려
나조차 가릴 수 없는
빈한한 덧없음의 빈 소유가
삶의 시야를 열어주기도 합니다.

애착하고 집착했던 그 모든 것도, 어느 날 생각해보면 다 흘러갈
뿐임을 생각합니다. 내가 버리려 해서 버려지는 것도 아니고, 내
가 가지려 해서 있는 것도 아님을, 세월 속에 알게 됩니다.

살다 보면 삶이 빈 껍질뿐이라 느끼는 것은, 우리에게 슬픔이 아
니라 감사입니다. 빈 껍질만 남도록 우리는 우리 삶을 그렇게 살
았고, 누렸고, 가슴에 남겼습니다.

어떤 삶을 살았어도, 우리 마음에 남는 것은 사랑이고 그리움이고
감사와 따뜻함이어야 합니다. 그 어떤 사람을 만나고 헤어졌어도,
우리는 애틋한 추억과 그리움으로, 사랑으로 남아야 합니다.

삶의 진정함은 가졌을 때가 아니라 그 모든 것을 놓았을 때 드러납니다. 겨울나무가 열어주는 하늘의 시야는 잃음과 버림이 주는 새로운 얻음을 생각나게 합니다.

4
장

내 인생 최고의 때는
지금

슬픔의 또 다른 면이 기쁨이고,
아픔의 또 다른 면이 성숙이고 성장이고,
우리를 원하는 위치에 데려다주는
날개임을 알게 됩니다.

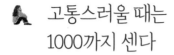

고통스러울 때는
1000까지 센다

"고통의 때는 결정하지 않고, 그때를 흘려보내고 정상적일 때 결정한다."

산에 오를 때나, 계단을 오를 때, 다리를 움직이기 힘들 때가 있습니다. 누구나 힘들 때는 그 힘든 순간을 넘어가는, 혹은 돌파하는 방법이 있을 것입니다. 각기 방법이 다르겠지만, 저는 1000까지 셉니다.

산을 오르다가 정상이 보일 때쯤이면 산길은 가팔라집니다. 지치고 힘에 부칠 때도 가파르게 느껴집니다. 취미로 아파트 계단을 걸어 오릅니다. 제게 주어진 여건에서는 주차장에서 맨 위층까지,

다시 내려와 사는 곳까지. 40층에 한 층이 16개 계단이니 640개 계단입니다. 1000이란 숫자 안에 들어옵니다. 며칠 반복해보면, 크게 힘들지 않다는 것을 체험하게 됩니다.

이 글을 읽으며 힘들 것 같다고 생각한다면, 2주 정도 해보지 않았을 뿐입니다. '힘들 것 같다'와 '힘들지 않다'는 큰 차이가 없습니다. 힘들고 어렵다고 느낀 것을 반복해서 시도해보는 것과 생각만 하고 시도하지 않는 것의 차이일 뿐입니다.

산에 오를 때 육체의 한계에 이르면 저도 모르게 숫자를 셉니다. 육체적인 노력이 필요할 때는 어떻게든 그 순간을 건너야 합니다. 힘들지 않을 때는 굳이 그럴 필요가 없습니다. 산천경개 바라보고, 생각에 빠지며, 무엇인가 골똘히 집중하여 순간 속에 해결과 치유를 받습니다.

생각으로 인한 아픔은 육신의 움직임으로 풀고, 육신의 아픔과 고통은 생각으로 풀어가는 것이 우리의 삶입니다. 영혼과 육체를 동시에 소중히 여깁니다. 삶이 극히 아프고 숨쉬기 어려울 때, 어떤 형태건 결정하고, 결과에 책임을 져야 할 때가 있습니다. 그때는 어떤 일이건 바로 결정하지 말아야 합니다. 감정의 기복이 있는 상태에서 내린 결정은 후회만 남을 뿐입니다. 그 순간을 버티며 흘려보내야 합니다. 잠잠해진 뒤, 결과가 어떤 경우라도 받아들일 수 있다면, 그때는 결정해도 좋습니다. 이 악물고 1000까지 세면서 아픔의 언덕을 오르고, 고통의 강을 건넙시다.

1000까지 세어도 평안한 상태가 오지 않는다면, 모든 것이 받아들여질 때까지 다시 1000까지 세면 됩니다.

오늘 하루가
감사한 이유

아침에 눈 뜰 수 있어 감사합니다.

눈 뜨자마자 무엇인가 생각나고,

뭔가 떠오르며 정신이 맑아져 감사합니다.

잠 깨자마자 드는 생각이 깊은 아이디어이고,

마음에 방향을 잡는 생각이기에 감사합니다.

어색하고 저린 느낌은 있으나

큰 통증 없이 하루를 시작할 수 있어 감사합니다.

내 손으로 아침 일찍 물 한 컵 마실 수 있어서 감사합니다.

도움받지 않고 일어날 수 있고, 움직일 수 있어서 감사합니다.

누군가를 만나면 그가 마음에 기뻐할 수 있는 어떤 이야기든

건넬 수 있어서 감사합니다.

반갑다 손들어 표현해줄 수 있고,
무엇인가 칭찬해줄 수 있는 마음의 밝음이 있어 감사합니다.
꽃이 핀 것이 기쁘고, 연녹색 새순과 잎의 가녀림이
사무치게 소중해 감사합니다.
파란 하늘에 구름이 흰 것이 감사하고,
늘 보던 거리가 반갑게 느껴지는 것도 감사합니다.
걸을 수 있는 것에 감사하고, 볼 수 있는 것에 감사하고,
말을 할 수 있는 것 또한 감사합니다.
내 곁에 누군가가 있어 주는 것이 감사하고,
내 말을 들어주는 사람이 있어 감사합니다.
밥이라도 한 그릇 사주고 싶은데,
같이 가주고 같이 먹어주는 사람이 있어 감사합니다.
삶의 아름다움과 그리움을 이야기하면
공감하는 사람이 있어 감사합니다.
인생이 때로는 기쁠 수 있고, 슬픔조차 삶의 은혜 요소임을
공감하는 이가 있어 감사합니다.
누군가의 그림자를 물끄러미 바라볼 수 있어 감사합니다.
사람들 웃는 것 볼 수 있고, 기뻐하는 모습 볼 수 있으며,
행복해하는 것 볼 수 있어 감사합니다.
아침이 밝아오며 드러나는 사물의 모습을 볼 수 있어 감사합니다.
석양의 붉은 빛이 가슴에 스미는 순간을 느낄 수 있어 감사합니다.

어둠이 온 사위를 덮어가도
그중에도 구별되는 희미한 윤곽이 있어 감사합니다.
밤하늘의 별들이 빛을 내고 있음에 감사하고,
가끔 다른 모습의 달을 볼 수 있어 감사합니다.
기도하고 싶을 때 기도할 수 있어 감사합니다.

삶은 참 감사한 것 천지입니다.

다부지게
마음먹고
달려가면

우리는 자주 꿈이니 비전이니 하는 말을 합니다. 그렇게 말하는 것은 우리의 소망이, 그리 쉽게 이루어지지 않음을 의미하기도 합니다. 그러나 쉽게 잘 이루어지지 않지만, 절대 포기하지 않고 비전을 분명히 하여 애쓰면 우리가 소망하는 꿈과 바람이 현실로 이루어집니다. 그래서 우리는 거듭 언급할 수밖에 없는 안타까운 상황에서 다시 의지와 각오를 새롭게 하곤 합니다.

우리가 살아가는 삶의 현장은 전쟁터입니다. 쉽게 마음 다치고 또 실망하여 다음 시작은 다시 내디딜 엄두도 나지 않을 만큼 멀고 어려워 보이는 경우도 많습니다. 하지만 우리 삶의 성패 여부는 여기서 결정됩니다. 사람이 원하는 것을 모두 쉽게 이룬다면, 의외로 우리 삶은 행복하지 못할 것입니다. 행복을 누리는 것은 잠깐이요, 대다수가 나태해짐으로 말미암아 끝없이 다가오는 삶의 난제를 풀어갈 능력을 상실하게 될 것입니다.

수시로 다가오는 고통과 어려움을 극복하며, 그 과정에서 사고가 깊어지고 능력이 향상되는 것이 우리의 삶입니다. 또한 어려움 속에서 획득한 기쁨은 우리 삶을 더욱 큰 감사의 향연으로 만들어줍니다. 삶에는 어려움이 있고, 아픔과 슬픔도 있어, 그것을 이겨낸 사람에게 기쁨이 주어집니다. 우리 삶은 그 차이 가운데서 건강함을 유지하게 됩니다.

이렇게 생각하면 우리 삶에 닥치는 어려움이나 까마득히 보이는 삶의 각종 목표는 오히려 멀고 힘들어 보이는 데 그 가치가 있습니다. 일단 그 기쁨을 누릴 사람들을 자연히 선별해주고, 목적을 이루는 과정에서 우리를 강인하고 단단하게 만들어줍니다. 뭔가를 획득하는 기쁨은 부수물이 되고, 가는 길 동안에 얻은 근력이 더 큰 기쁨의 도구가 될 것입니다.

문제는 저 아득해 보이고 거대해 보이는 목표의 산봉우리에 어떻게 접근해 가느냐입니다. 방법은 단순합니다. 다부지게 마음먹고 달려들어 한 걸음 한 걸음 올라가다 보면, 어느덧 쉽게 발아래 밟

히게 됩니다. 멀리서 볼 때는 그렇게 멀고, 도무지 접근할 수 없을 것 같던 것도 다가서면 하나둘 손에 잡히는 것을 체험할 수 있습니다.

늘 말씀드리지만 '한번 해보면 그것이 능력'이 됩니다. 아마득해 보인다고, 다리에 힘이 없다고, 도무지 능력이 안 된다고, 한 번도 해본 적이 없다고 서성이며 망설이기만 한다면, 우리는 도저히 현재의 수준을 극복할 수 없습니다.

한번 해봅시다. 다부지게 마음먹고 달려가면 목적지는 의외로 가까이 있습니다.

열정이
식으면

우리 인생에서 가장 중요한 요소 중 하나는 열정입니다. 어느 날 여러 가지 이유로 가슴의 뜨거움이 사라지면, 우리는 이제까지 우리를 지탱하던 힘을 순간에 잃고 맙니다. 두 다리에 힘이 풀리고, 가슴에 품었던 꿈은 파도에 씻기듯 없어지고, 머리카락 잘린 삼손처럼 희미한 추억의 그림자만 가진 무능한 사람으로 전락합니다.

삶에서 마음과 눈, 주먹 쥔 손에 힘을 주는 것과 그 힘을 풀고, 망연히 먼산을 바라보는 것은 전혀 다른 세계입니다. 이 세상에 모든 것을 할 수 있는 사람은 없으며, 할 수 있는 일이 아무것도 없는 사람도 없습니다. 내 꿈이 나에게 힘 주어 달려가게 하고, 주위의 기대가 가속을 붙여줍니다. 내 앞의 장벽이 커 보이면, 우리가 할 수 있는 일은 없습니다. 내 앞의 장벽이 작게 보이고 능히 넘을 수 있다고 여기면, 그 장벽은 더는 장애물이 아닙니다.

가장 두려운 것은 무엇입니까?
가장 하기 싫은 것은 무엇입니까?
가장 힘든 것은 무엇입니까?
그 몇 가지가 힘겨워도 꾸역꾸역 넘어가면, 우리 인생의 장벽은 훨씬 낮게 보이고, 장벽의 가짓수도 훨씬 적어질 것입니다.

가장 어려운 것부터 합시다.
가장 힘들고 하기 싫은 것부터 합시다.
안 되니까 하는 것이고, 힘드니까 하는 것이고, 싫으니까 좋아하고 사랑하는 것입니다. 나를 넘는다는 것은 쉽지 않으나, 안 되는 것도 아닙니다. 돌아서서 후회하는 것이 인생입니다. 시도조차 못 해보고 후회하는 것보다 실패해도 해보고 또 해보고 또 해보아서, 실패의 아픔을 넘어설 수 있는 자신감이 생겨, 실패를 두려워하지 않고 끝까지 갈 수 있는 삶의 질깃함이 우리의 힘이어야 합니다.

가장 두려운 것, 가장 하기 싫은 것, 가장 힘든 것을 지금, 이 순간부터 꾸역꾸역 반드시 해나갑시다.

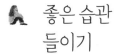 좋은 습관
들이기

살아가면서 좋은 습관을 지니고 있다는 것은 매우 감사한 일입니다. 삶의 많은 부분은 습관에 따라 좌우됩니다. 약속을 지키는 것도, 책임 있게 사는 것도, 어떤 일을 이루는 것도, 그 뒤에 어떤 자세를 가지느냐 하는 것도, 가만히 살펴보면 그가 가진 삶의 습관에 의해 결정되는 경우가 많은 것을 봅니다.

사실 어떤 사람이 약속을 잘 안 지킨다든가, 거짓말을 자주 한다든가, 혹은 자신조차 혐오하면서 그냥 마음에 정한 것을 쉽게 무너뜨리고 마는 것은, 이미 형성된 그의 습관이 많은 영향을 미칩니다. 어떤 일을 약속하고 이를 마치 아침에 해 뜨는 것처럼 당연하게 생각하면 대부분의 약속은 지켜질 것입니다. 문제는 약속을 안 지켜도, 또 꼭 해야 할 일을 안 해도, 그냥 어떻게 다른 방법으로 때우고 살아갈 수 있다는 마음입니다. 그런 일이 반복되는 과정에서 터득한 또 다른 생존 방법들이 그의 현 자리를 유지하게 만듭니다.

지금 다 커서 어른인데, '이미 형성된 삶의 습관을 어떻게 하나!' 하고 탄식할 수 있습니다. 그러나 습관은 반복하다가 몸에 밴 것이니, 힘들기는 하겠지만 고치거나 바꿀 기회는 언제든 있다고 믿습니다. 여기에는 각고의 애씀과 가슴 아픔도 따라옵니다.

문제는 어떻게 지금의 지긋지긋한 삶의 습관을 버리고 보다 진보적이고 유익한 습관을 습득하느냐에 있습니다. 다른 방법은 없습니다. 마음먹었으면 실행하고, 실패했을 때도 낙심하지 않고 다시 일어나 앞을 향하여 전진 또 전진하는 수밖에 없습니다. 그리고 누군가 도와줄 사람이 옆에 있다면 훨씬 좋을 것입니다. 돕는 사람까지 내치고 싶은 마음이 생기고, 돕는 사람 때문에 자신의 삶이 괴로운 것이라며 회피할 수도 있습니다. 그러나 이 기간은 엎어지든 무너지든 반드시 헤쳐나와야만 하는 순간들입니다.

하지만 너무나 많은 사람이 도전하지 않고, 실패를 반복하고, 끝내 포기합니다. 세계마라톤대회 우승자도 처음부터 2시간 10분

안에 달리지 못했습니다. 달리고 또 달리고, 훈련하고 또 훈련하는 고통의 순간들을 거친 후 마침내 승리의 메달을 목에 건 것입니다.

우리는 얼마든지 우리 삶을 다시 유연하게 할 수 있습니다. "안돼!" 하면 방법이 없는 것이고, "어디 한번 해보자!" 하고 마음 다부지게 먹으면 또 무엇인가 하게 됩니다. "이전 것은 지나갔으니 보라 새것이 되었도다."라는 말씀을 기억합시다.

이제 남은 일은 아주 단순한 반복, 습득, 훈련의 과정을 지루하게 생각하지 않고 즐거움으로 감당하는 것입니다. 내 주장을 꺾고 이제는 훈련자의 훈령에 따라 자신을 맡겨보는 것입니다. 훈련은 가혹할수록 실전에서 능력을 발휘합니다. 그 기간을 극복해내면 우리는 이제까지 우리가 가지지 못했던 새 능력을 소유하게 될 것입니다.

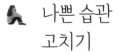

나쁜 습관
고치기

사람은 누구나 자신이 알고 있건 모르고 있건 어느 정도의 나쁜 습관을 지니고 있습니다. 하지만 자신의 나쁜 습관을 스스로 고치기는 너무 어렵습니다. 만일 자신의 나쁜 습관이나 약점에 대해 지적받거나 공격받으면 대부분의 사람은 그것을 고치기보다는 방어하며 합리화합니다. 그의 약점이나 나쁜 습관을 지적한 사람은 원수가 되기도 합니다. 만일 누군가 자신의 약점이나 나쁜 습관을 지적했는데 순순히 인정하고 또 고치려고 한다면 그는 분명히 위인(?)이 될 것입니다.

목사인 저도 일개 보통 사람에 지나지 않는다는 생각을 자주 합니다. 저 역시 저의 아픈 곳을 찔렸을 때, 고치려는 마음보다는 상심하고 상대가 야속하다는 심정을 먼저 느끼기 때문입니다. 화가 나는 것을 보면 '아직도 내가 갈 길이 멀구나' 하는 생각이 들어 아득합니다. 하지만 얼마 전에 작은 습관 하나를 고친 일이 있어서 무척 기뻤습니다.

사람이 나쁜 습관을 고치는 데는 세 가지 방법이 있다 합니다. 첫째는, 습관과 관련해 큰 감동을 받는 것입니다. 둘째는, 큰 수모를 겪는 것입니다. 셋째는, 지속적이고 반복적인 훈련입니다.

얼마 전 저는 마음이 조금 상하는 편지를 한 통 받았습니다. 편지를 쓰신 분이 분명 우리 교인일 터이니 그분에게 실례일 수 있습니다. 하지만 끝까지 읽어보면 제가 감사하고 있음을 알게 됩니다. 편지의 내용은 이러했습니다. 몇 달 전이라 기억이 희미해 내용이 왜곡되었다면 용서해주시기 바랍니다. "목사님, 설교 시간에 주머니에 손을 넣고 설교해서 기분 나빠요. 목사님은 성도가 설교 들을 때 팔짱 끼고 들으면 기분 좋겠어요?" 거두절미하고 본론만 다다닥 쏘아붙이고 끝낸 짧은 편지였습니다.

편지를 읽은 후 순간 참 황당했습니다. '아니, 목사가 주머니에 손을 넣고 설교를 하건, 손을 빼고 설교를 하건 그것이 무슨 문제가 되는가. 작년 안식년에 꽤 많은 교회를 방문했는데 여러 목사님이 주머니에 손을 넣고 설교하던데…'. 얼마 전에는 교회에 오신 어떤 남자분이 "목사님, 이 교회는 목사님이 주머니에 손을 넣고 설교하실 정도로 여유가 있어 보여 마음 편하고 좋아요."라는 말을 해주기도 했는데…. 별생각이 다 나면서 마음이 영 불편했습니다. 그리고 계속 남아있는 감정을 지우려고 애썼습니다. 또 다음 일을 해야 하니까요.

그 후 강단에 설 때마다, 누군지 몰라도 제가 주머니에 손을 넣는지 안 넣는지 유심히 지켜보고 있다는 생각이 들었습니다. 그러다 보니 얼마 지나자 저는 설교할 때 주머니에 손을 넣지 않게 되었습니다. 누군지는 모르지만, 그분께 감사하고 있습니다. 마음이 조금 아프기는 했지만, 그분 덕분에 고치면 좋을 제 나쁜 습관 하나 고쳤으니까요.

사람은 누구나 나쁜 습관이 있습니다. 특히 신앙과 관련된 나쁜 습관이 있다면 어떤 방법으로든 고쳐보려고 시도해야 합니다. 살면서 노력을 멈추지 않는다면, 언젠가는 훨씬 더 나은 삶을 살 수 있습니다.

한 박자
빠르게

이러저러한 일들을 많이 처리합니다. 그때마다 느끼는 것은, '일을 좀 더 여유 있게 처리하면 참 잘할 수 있을 텐데…'입니다. 그런데 누구라고 할 것 없이, "누가 몰라서 그러냐, 그게 그렇게 쉽지 않으니까 허겁지겁하는 것이다."라는 말을 합니다.

늘 시간에 쫓겨 허겁지겁하게 되면, 일도 잘 안될 뿐 아니라 필요 없는 초조감과 함께 여건도 악화되고, 결국 잘할 수 있는 일도 잘 못할 수밖에 없습니다.

하루만 더 있었으면, 마감 시간에 쫓겨서 두어 시간만 더 있었으면 하는 것이 인생의 일인 듯합니다. 방법이 없습니다. 어떤 일을 조금이라도 더 잘하려면, "한 박자 빠르게" 진행해야 합니다. 다른 사람보다 조금 더 일찍 생각하고, 조금 더 일찍 시작하고, 한 걸음만 더 일찍 그 일을 진행하면 됩니다.

깜박 잊어버려서 못하다가 급히 생각나는 경우가 있습니다. 별로 중요하지 않다고 생각해서 넣 놓고 있다가 닥쳐서 급히 하는 일도 있습니다. 이것저것 분주히 하다 보니, 우선순위를 잘못 정해 급하게 하다가 낭패 당하기도 합니다. 게을러서, 중요하게 생각하지 않다가 어려움을 겪기도 합니다. 막연히 생각하다가 판단 잘못으로 실수할 때도 있습니다.

맨 앞에서 길을 걷는 사람은 길거리에 널려 있는 보물을 주울 것입니다. 그다음에 그 길을 가는 사람은 먼저 간 사람이 남긴 것을 주울 수 있습니다. 한참 나중에 그 길을 가는 사람이 뭔가 얻으려면 남의 손에 있는 것을 빼앗아야 합니다. 허겁지겁 늘 쫓아가는 삶의 비극입니다.

죽을힘을 다해 "한 박자 빠르게" 생각하고, 점검하고, 진행하고, 이루어야 합니다. 그래서 뒤에 오는 사람이 힘들어할 때, 여유 있게 그들을 도울 수 있는 사람이 되어야 합니다. 그렇게 아름다운 모습이어야 합니다.

한계와 가능성

사람을 대할 때, 도저히 넘을 수 없는 한계와 어려움을 느끼는 순간이 있습니다. 그러나 그것이 그 사람의 전부는 아니라는 생각을 반드시 해야 합니다. 그 사람은 그 한계 외에, 그 순간 드러나지 않은 또 다른 가능성을 가지고 있습니다. 그 한계 때문에 사람을 버리면, 그가 가진 가능성도 동시에 버리는 것이 됩니다.

사람은 누구나 양면성이 있습니다. 때로는 한 사람에게서 전혀 예상 못 했던 다양한 면모를 발견합니다. 그러기에 어떤 특정한 사람에게 지나치게 기대해서는 안 되며, 실망스러운 면모가 있다고 하더라도 그것만으로 그 사람을 평가해서 고정화해서도 안 됩니다.

사람은 누구나 한계와 가능성을 동시에 가지고 있습니다. 지금은 그것이 아직 불가능한 영역에 있고, 내 한계의 부분일 뿐입니다. 내 가능성을 믿고 힘내서 진용을 갖추어 다시 도전해야 합니다. 그러면 내 한계를 뛰어넘은 뜻밖의 승리가 주어집니다.

인생은 단막극이 아닙니다. 인생의 모습 역시 다양한 면모를 가진 입체적 다면체입니다. 지금 슬프게 느껴지고 가슴 아프게 느껴져도, 그것은 내가 보고 있는 한 면일 뿐입니다.

마음의 발걸음 옮겨 옆으로 돌아서거나 뒤로 돌아가면, 그 순간 내 앞에 놓였던 상황과 전혀 다른 면을 보게 됩니다. 슬픔의 또 다른 면이 기쁨이고, 아픔의 또 다른 면이 성숙이고 성장이고, 우리를 원하는 위치에 데려다주는 날개임을 알게 됩니다.

사람에 실망하거나 내 삶의 오늘에 실망하지 않기를 바랍니다. 또한 나 자신과 내가 처한 여건에 대해서도 실망하지 않기를 바랍니다. 깊이 들여다보면, 또 멀리 놓고 감상해보면, 나 자신도 내 삶의 현재도 상당한 의미가 있습니다. 사람도 그 한계만 아니라 그의 또 다른 가능성을 집중해 바라보면, 그 역시 사랑할 만합니다.

융합과
가열

간혹 시간이 날 때 집에서 비빔국수나 비빔밥, 볶음밥을 만듭니다. 김치찌개를 끓일 때도 있습니다. 식구들이 좋아해서 만들기는 하지만 요리라고 할 정도는 아닙니다. 일차적으로 만들어진 음식을 이리저리 혼합해서, 이차적인 음식을 만들 뿐입니다. 시간도 짧게 걸리고, 재미도 있고, 식구들도 잘 먹으니까요.

비빔국수, 비빔밥, 볶음밥은 모두 이차적인 음식입니다. 이미 만들어진 음식을 융합하고, 가열해서 만드는 음식입니다. 음식을 만들 때마다 융합과 가열은 새로운 맛을 창조한다는 사실을 알게 됩니다.

융합 – 각기 다른 음식이나 재료들을 섞어서 하나로 만드는 섞음
과 비빔의 새 맛 창조.
가열 – 기존의 맛에 열을 가하거나 섞인 맛에 열을 가함으로 새
맛 창조.

제가 아는 음식 조리법인 융합과 가열, 이 두 가지가 제 생활에 의
미하는 바도 꽤 큽니다. 특히, 목회하는 목사로서 요즘은 이 '융합
과 가열'이란 단어를 마음에 깊이 묵상합니다.

이 세상에 사는 모든 사람은 각각 다릅니다. 성품도 성향도 능력
도 기호도 다 다릅니다. 하지만 우리가 함께 모여 서로 다름을 받
아들이고, 함께 어울려 무엇인가를 도모하면 거기에 융합이 이루
어져 새로운 맛과 힘이 생기고 인생의 작품이 이루어집니다.

이왕 모인 우리가 융합하여 새로운 역사를 이루기 위해서는 그 융
합 위에 가열의 역사가 있어야 합니다. 마음이 뜨거워지고, 열정
이 생기고, 삶의 열기가 생겨 무엇인가 이루어보고자 하는 뜨거움
이 있어야 합니다. 이 가열로 삶의 뜨거운 땀을 흘리게 되고, 결국
빛 고운 작품으로 탄생합니다.

요즘은 교회 일을 하면서 또 다른 매력을 느낍니다. 그저 힘들다

고 푸념하지 않고, 하나하나 모든 게 재미있고, 기쁘고 감사하다고 생각합니다. 잘 돼서 감사하고, 안 돼도 감사하고, 옆 사람과는 융합하고, 융합 후에는 가열하고, 그 융합이 안 되면 가열하여 맛의 융합을 먼저 이루고…. 하여간 사는 것이 융합과 가열을 통과하면 꽤 그럴듯해집니다.

수용의 힘

나이 드는 것인지 모르겠지만, 시간이 가면서 조금씩은 달라지는 것 같습니다. 이전에는 힘이 아름답고, 승리가 아름답고, 원함을 이룸이 아름다워 보였는데, 이제는 그것이 전부는 아니라는 생각이 듭니다. 어차피 살아가면서 우리는 우리의 모든 뜻을 다 이룰 수 없습니다. 만약 그 뜻을 다 이룬다면 이 세상은 혼돈과 무질서의 세계가 될 듯합니다. 각자의 뜻이 부딪치고 깨지며, 승자와 패자의 난무만이 있는 세계가 되겠지요. 보다 고운 것은 어울림이며, 서로를 세워 함께 승리하는 것이고, 이기고 지는 것을 넘어서 또 다른 세계로 전진하는 일입니다.

여기서 중요한 것은 '수용'입니다. 뜻을 받아들이는 것을 패배로 생각하지 않고, 비겁한 후퇴나 약한 자의 왜소함으로 생각하지 않을 자신감과 당당함을 갖추고 있다면, 우리는 이 세상을 훨씬 더 넓게 품을 수 있는 진정한 승리자의 반열에 설 수 있습니다.

꽃이 피면 지는 것은 당연하고, 바람 불면 나뭇잎과 가지 흔들리는 것이 당연합니다. 슬프면 눈물 나고, 기쁘면 웃게 되는 것도 당연합니다. 삶이란 순간으로 끝나지 않으니, 당연한 것을 당연한 것으로 받아들이는 것이 지혜입니다.

흘러가는 것은 흘러가게 놓아두고,
머무는 것은 머물게 놓아두고,
또다시 흘러가는 것은 또 흘러가게 놓아두는 힘은 인내입니다.
흘러가는 삶을 바라보는 힘이란 얼마나 강한 것인지….

힘이 있으나 평안하고, 바람이 있으나 인내할 줄 알고,
원함이 있으나 받아들일 줄 아는 마음 가지시기 바랍니다.

내 발밑을
든든히
하고 나서

어떤 일의 시작을 추진하거나 진행하다 보면, 의외로 자신이 가지고 있는 기본적 약함 때문에, 중도에 포기해야 하거나 어려움을 호소하며 존재 자체를 위한 도움을 구해야 하는 때가 있습니다. 가야 할 곳과 자신의 상태를 비교하여 살펴보지 않아서 생기는 결과입니다.

산을 오르고 싶어 출발은 했으나 가다 보니 체력과 정신이 따라주지 않습니다. 두꺼운 책을 읽으려 했으나 끈기와 인내, 훈련이 부족하다 느낍니다. 말을 자제하고 정진하기를 결심해도, 침묵이 얼마나 큰 능력인지 상심한 후에야 깨닫습니다. 체력이 삶의 근본 발판이고, 심력 또한 단단해야 하며, 가족과의 관계와 인간관계가

근본임을, 우리는 많은 것을 잃어버리거나 큰 어려움을 당하고 난 후에야 비로소 깨닫고 후회합니다.

사람마다 가지고 있는 삶의 연약한 부분이 있습니다. 어쩌면 우리 각자의 인생이 가진 연약한 부분은 비슷할지도 모릅니다. 대하는 상대나 상황을 부드럽게 접할 수 있을 만큼 마음이 강하고 여유 있어야 합니다. 어떤 어려운 상황에서도 질깃하게 견딜 수 있는 건강과 체력이 있어야 긴 승부에서 승리합니다. 최종 승부는 항상 건강과 체력에서 오며, 그 건강과 체력은 결국 마음에서 옵니다.

또한 그 마음을 주관하는 것은 따뜻하고 화목한 가정과 가족의 인정과 격려입니다. 푸근한 가정은 인생의 대단한 경작이며, 신뢰하는 부부관계, 부모자녀 관계는 신의 작품입니다.

살다 보면 좋을 때도 있지만, 어려울 때도 당연히 있습니다. 인생의 결정은 바로 이 어려운 순간에 이루어진다고 해도 지나친 말이 아닙니다. 그리고 이 어려운 순간의 결정은 순간의 견딤과 인내의 유지로 이루어지는데, 그 근거가 바로 자신이 딛고 서 있는 발밑 발판의 견고함입니다.

발밑이 부실하면 인생의 험악함에 허술히 무너지며 이제까지 살아온 모든 것이 하루아침에 물거품이 되기도 합니다. 발판이 흔들리면 힘주어 차고 나가려 해도 힘주면 덜컹 무너져내리니, 달려 나가야 할 순간에 오히려 더 깊은 바닥으로 추락하게 됩니다. 어떤 지경에서도 행복을 누리려면, 가족을 생각만 해도 힘이 나며 삶의 이유가 있고, 건강에 투자해서 어떤 경우든 버틸 자신 있고, 주변과 상관없이 마음 기쁘고 행복해 모두에게 환히 웃을 수 있어야 합니다.

구조
만들기

어떤 일을 할 때 가장 중요한 것은, 그 일이 되도록 구조를 만드는 일입니다. 사람이나 상황은 우리가 원하는 어떤 일을 할 수 있는 상태가 되어 있지 않기 때문입니다.

사람은 누구나 자신의 고유한 생각과 습관 그리고 삶의 형태를 가지고 있습니다. 그러다 보니 우리가 무엇을 원하면 기다렸다는 듯, 즉시 해줄 수 있는 사람은 거의 없습니다. 주어진 상황 역시 우리의 계획과 마음대로 이루어질 수 있는 여건은 별로 없습니다.

그래서 우리는 되지 않는 상황과 상태를, 될 수 있는 상태로 만드는 수고가 필요합니다. 한탄이나 다른 사람에 대한 비난 혹은 책임 전가는 아무 도움이 되지 않습니다. 그것은 오히려 내 어려움의 극복 의지 부족과 능력 결여를 드러내는 것에 불과합니다.

우리가 마음에 들지 않는 어떤 것을 원하는 상태로 바꾸기는 쉽지 않습니다. 더욱이 어떤 것을 잠깐 그럴듯하게 눈가림하는 일회성을 넘어, 원하는 것을 이룰 수 있도록 하기는 더 쉽지 않습니다. 그래서 구조 만들기가 필요합니다. 공부하기 싫어하는 학생에게 "공부하라."라고 다그치는 것처럼 최악은 없습니다. 어떤 일을 잘 못하는 사람에게 "잘하라."라고 야단만 치는 것처럼 어리석은 일도 없습니다. 안 되는 상황을 탓하며 "좋은 세상 만나지 못한 척박한 인생"이라고 한탄해봐야 부끄러울 뿐입니다.

우리는 비록 수고가 많이 들고, 오래 걸리고, 변화 속도가 늦어 지루하고 답답할지라도, 잘 안되고 바뀌지 않는 것을 바꿀 수밖에 없는 구조로 미리 만들어야 합니다. 사람이건 상황이건 될 수밖에 없는 구조를 만들고, 그 구조의 미끄럼틀에 밀어 넣어야 합니다. 논리, 단호함, 뚝심, 인내, 관계 파탄의 위험 감수, 어쩔 수 없이 필요한 다량의 수고, 이런 여러 가지 것들이 필요합니다. 또 반드시 내 손해와 부담을 감수하는 희생이 필요합니다.

순간을 바꾸려 하지 말고, 그 순간을 바꿀 수 있는 틀인 구조를 만들어야 합니다. 이런 구조를 만들 때는 설득도, 기다림도 필요합니다. 중간에 다시 비틀리는 위기도 있습니다. 구조 만들기는 순식간에 되지는 않지만, 차근차근 쌓아 올리면 결국 이루어집니다.

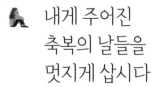 내게 주어진
축복의 날들을
멋지게 삽시다

오늘도 장례 예배를 위해 가야 합니다.
축복으로 보내드리는 아쉬움 없는 장례도 있고,
안타까워 발걸음이 떨어지지 않는 애틋한 장례도 있습니다.

장례에 참석할 때마다 드는 생각이 있습니다.
덧없는 것이 인생인데,
그리 그악스럽게 살 필요 없다는 생각입니다.

하지만 또다시 삶의 현장에 들어서면,
우리는 자다 벌떡 일어나 와와 소리 지르고
어딘가를 부리나케 갔다 와서는,

갑자기 후닥닥 이불 속으로 들어가곤 합니다.
그러다가 어느 날 다시는 일어나지 않는 깊은 잠을 잘 것입니다.

정말 덧없는 것이 인생인데….

요즘 자꾸 '삶의 의미 있는 날'에 관한 생각을 합니다.
생존만을 위한 호흡이 아니라,
그 호흡이 의미 있고 선한 영향력을
끼칠 수 있는 날의 숫자입니다.

우리 삶의 하루하루는
너무 소중하고 축복된 선물입니다.
낭비할 수도, 엉뚱할 곳에 헤프게 소모할 수도,
그저 멀거니 바라보다가
일상적인 삶의 반복 속에 묻혀서
그렇게 흘려보낼 수도 없습니다.

의미 있게 살려고 작정했다면,
정말 한번 멋지게 살아봅시다.

어디든 내 영혼이 훨훨 날아다닐 수 있는

자유로운 삶을 원한다면,
이제는 모두를 용서합시다.

모두를 소중히 여기고 애틋한 심정으로 아끼고 품으며
살아갑시다.
너무나 좋아하고 사랑하기에,
줄 수 없는 날이 되어 후회하지 말고 열심히 주고 삽시다.
나를 비우고 주는 순간 나는 가벼워져,
하늘을 나는 자유로움을 얻을 것입니다.

내게 주어진 삶의 공기 한 점을 소중히 여기며,
내게 주어진 내 곁의 사람 하나하나를 애틋하게 생각하며,
내게 주어진 한순간의 기회를 놓치지 않고 사랑한다면,
어느 날 문득 돌아본 삶의 날들은
뭉게구름 품고 있는 푸른 하늘처럼
상당히 멋질 것입니다.

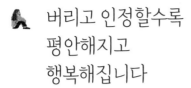 버리고 인정할수록
평안해지고
행복해집니다

우리 삶에는 기본적인 어려움인 동시에, 행복의 항목이 세 가지 있습니다.

첫째는, 부부관계입니다.
둘째는, 부모와 자식과의 관계입니다.
셋째는, 건강과 사회적 성취, 경제적인 문제입니다.

행복해야 할 이 세 가지 요건들이 불행의 항목이 되는 경우가 너무 많습니다. 때로는 삶의 터득이 부족해 갈등하고 방황하다가 우리 인생 다 보내기도 하고, 때로는 알아도 인정하기 싫어서 마음 닫고 있다가 우리 인생 다 끝난 후에 후회합니다. 어떤 사람은 소신을 내세워 평생을 불행하게 살다가 그 소신 때문에 가슴 아프게 갑니다.

그럴 필요 없습니다. 삶의 방향과 방법을 수정하는 것은 비겁하거나 비굴한 일이 아니라 지혜로운 삶의 길입니다. 내 마음을 관리하고 조절해 드러내지 않을 수 있는 것은 거짓된 삶이 아니라 인격 갖추어진 삶입니다.

상대가 마음에 안 들어도 칭찬하고 격려해줄 수 있는 것은 거짓된 마음이 아니라 자신을 극복한 승리자의 삶이요, 사랑을 취득한 축복의 삶입니다. 부부관계건, 자식과의 관계건, 건강과 성취와 경제적 상태를 대하는 마음이건, 가장 중요한 것은 내가 가지고 있는 아집을 버리고 상대와 상태를 인정하는 자세입니다.

우리는 내 앞의 사람과 상태가 내가 원하는 대로 되기를 원하지만, 안타깝게도 이 세상을 살아가는 동안 그런 경우는 별로 없습니다.

나를 버리면 버릴수록 편안해지고, 내 생각을 정리하고 받아들일수록 더 윤택해집니다. 내 앞의 사람이 내 마음에 맞게 행동해야 내가 행복할 수 있다면 우리 삶은 행복하지 않게 됩니다. 평생 고통 속에 살게 됩니다. 내 행복을 위해서라도 상대를 있는 그대로 인정하고 받아들이면, 나도 상대도 행복해집니다. 나를 버리고 나 이외 모든 것을 인정합시다. 마음이 평안해지고 행복해집니다.

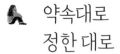

약속대로
정한 대로

저는 약속에 대한 강박이 있습니다. 약속했으면 지켜야 한다고
생각합니다. 그런데 약속을 지키는 일은 마음만 가지고는 안 됩
니다. 능력이 따라주어야 합니다. 그래서 돌이켜보고 지키지 못
한 약속이 있을 때, 가슴 아프고 자괴감에 빠집니다. 내 마음에 들
건 들지 않건, 그것이 약속이기에 지켜야 하는 신의가 우리에게
있어야 합니다.

내 생각이 진리나 기준이 된다고 생각하지 않는 관대함이 있어야
합니다. 약속을 지킬 수 있는 근력과 몸의 고단함 때문에 어떤 상
태를 왜곡해 생각지 않을 능력이 있어야 합니다. 여건이 너무 어
려워 약속을 지키는 일 자체가 사치스럽게 보일 정도로 힘들지는

않아야 합니다. 약속은 마음이 없어서 지키지 못하기도 하지만, 능력이 부족해서 지키지 못하는 경우도 많습니다. 그렇다 하더라도 약속을 지키려는 의지가 강한 것과 그렇지 않은 것은 매우 다릅니다.

약속을 지키는 것은 투자입니다. 현재의 불편함을 감수함으로 신뢰를 얻고, 형상 없는 신뢰를 미래의 유익으로 파악합니다. 그래서 약속을 지키는 것은 피곤하기는 해도 매우 유익한 투자입니다. 약속을 지키다 보면 평안이 오고, 반복되면 습관이 됩니다.

때로 우리는 과거에 한 약속 때문에 상당한 불편을 느낄 수도 있습니다. 그렇다면 이해와 설득을 구하는 성실한 과정이 있어야 합니다. 내 입장에서가 아니라 상대 처지에서 바라봐야 합니다. 의외로 사람의 마음과 일은 될 것이라고 기대했던 대로 되지 않지만, 안 될 것이라고 예상했던 대로 흘러가지도 않습니다.

원칙은 "약속대로 정한 대로"이고, 그것을 위해서는 손해가 아니라 투자라고 생각하는 것이 유익합니다. 선약이 우선입니다. 약속의 경중에 따라 무게를 달리하면 허접한 인생을 살게 됩니다. 약속은 현재의 내 논리로 판단하지 말고, 약속했던 그때의 논리를 적용해야 합니다. 그러니 쉽게 약속하지 말고, 또 약속했으면 지키는 것이 옳습니다. 우리가 가진 인생의 가벼운 무게로는 그것이 참 어렵습니다.

원칙은 기둥이고, 그 기둥 사이를 왕복함으로 생기는 것이 구조입니다. "약속대로 정한 대로"가 원칙이란 기둥이고, 그것을 왕복함으로 행복이란 삶의 구조가 이루어집니다.

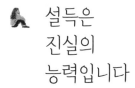 설득은
진실의
능력입니다

내 마음을 잘 전하고, 상대의 마음을 잘 받아들이는 것이 조화입니다. 그러나 이 두 가지 다 쉽지 않습니다. 오늘은 내 마음을 전하여 상대가 내 마음을 받아들이는 것에 대해 생각해봅니다.

누군가에게 내 의사를 전달한다는 것은 그가 내 뜻과 마음을 받아들이길 바라서입니다. 그리고 내 의사나 의도를 받아들여 둘 사이에 좋은 결과를 기대하고, 무엇인가 의도했던 바를 이루어 기쁨을 얻기 위함입니다. 많은 경우, 우리가 원하는 바를 전했을 때 원하는 결과를 쉽게 얻을 수는 없습니다. 내 뜻이 잘 안 받아들여지고, 내 의사가 상대에게 쉽게 이해되지 않는 것은 너무 당연합니다.

사람은 누구나 자기 생각과 구조의 틀 안에서 이해하기에, 상대의 뜻을 쉽게 수용하지 못합니다. 생각과 해석, 선호의 기준과 취향이 다르기에, 나에게 좋아도 그에게는 다를 수 있습니다. 그러기에 내 좋은 뜻이 전해지지 않고 오히려 결과가 나쁠 때, 심한 상처를 입고 배신감도 맛보고, 나 자신의 무능과 무기력을 느끼기도 합니다. 하지만 이러한 상황을 너무 비관적으로 볼 필요는 없습니다. 쉽지 않은 상황과 내용이라도 상대를 어떻게 설득하여 마음 열고 받아들이게 하느냐 하는 과제가 남을 뿐입니다.

우리가 이 세상을 살아가는 데는, 설득이 매우 중요합니다. 어떤 상황에서 나를 설득해야 하고, 나를 설득한 힘으로 내 앞사람을 설득해야 원하는 것을 얻을 수 있습니다. 결국 인간관계의 힘이란 설득의 힘이고 능력입니다. 그런데 설득은 어떤 기술적 능력이기 전에 진실이 수반되어야 합니다. 사실과 진실에 기반을 두지 않은 기술적 설득은 시간이 가면 더 깊은 불신만 남깁니다.

인생은 현재 순간만 존재하는 것이 아니라, 긴 행로 속에서 힘과 가치를 발합니다. 일을 함께하건, 마음을 나누는 관계건, 삶의 위로와 윤택을 위한 교류이건, 내 의도가 진심으로 그를 위하고, 그에게 유익한 것이며, 그를 배려하는 것이 목적이어야 합니다.

우리 삶은 한순간 모든 성패가 결정되지 않습니다. 지금은 이다음의 기회에 연결되어 있고, 그것은 또 저 끝까지 연결되어 있습니다. 그러기에 눈앞의 이익을 얻는 것으로 끝내지 말고, 그다음까지 생각해야 합니다.

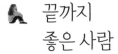

끝까지
좋은 사람

진정성은 분량과 시간의 지속성, 두 가지 요소를 품어야 확보됩니다. 좋은 사람인데, 충성된 사람인데, 착한 사람인데, 여기까지만이라는 한계의 시점, 혹은 의도된 시점에서 전혀 다른 얼굴로 나타난다면, 인생 참 쓸쓸합니다.

한 번 좋은 사람이면, 끝까지 좋은 사람이어야 합니다.
한 번 사랑하는 사람이면, 끝까지 사랑할 수 있어야 합니다.
한 번 충성스러운 사람이면, 끝까지 충성스러운 사람이어야
합니다.

삶에서 중요한 것은 일관성입니다. 삶에서 중요한 것은 자신의 한

계에 매몰되지 않고, 그 시점과 선을 뛰어넘는 것입니다. 우리는 '이 부분이야, 이 지점이야'라고 그 사람의 한계를 규정합니다.

또 자기 자신의 한계를 규정하기도 합니다. 언제나 어느 한계 선상에 다다르면 무너지는 자신의 그 지점을 알고 있고, 별로 벗어나지 않습니다. 그러나 삶의 일관성 유지를 위해서는 자신의 한계를 뛰어넘어야 하는 힘든 장애물 경기에서 승리해야 합니다.

당신은 좋은 사람입니까?
끝까지 좋은 사람이어야 합니다.
나쁜 사람이라고 생각하면 편합니까?

선을 향한 의지를 누르지 맙시다.
은혜와 선과 착함을 이루고 좋은 사람이 되기 위해 애쓰는 자신을, 끝까지 격려해주기 바랍니다.

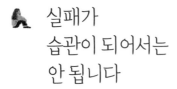 실패가
습관이 되어서는
안 됩니다

살다 보면 기대 이상으로 일이 잘 풀리기도 하고, 기대가 컸는데 일을 망치기도 합니다. 우리는 같은 목표를 향해 가며 수없이 성공과 실패를 반복하며 삽니다. 성공해서 한 계단 올라가고, 실패해서 바닥으로 떨어지기도 합니다. 그 상반된 두 가지를 함께 품고 녹여 목표를 이룰 수 있는 사람이 인생의 진정한 승리자입니다.

실패 없이 성공만 한 사람은 그 성공이 가장 큰 실패였다는 사실을 나중에 깨닫게 됩니다. 성공 없이 실패만 하는 사람은 자존감이 사라져 찾아온 기회조차 의심합니다.

우리 인생은 승리를 통해 성장하는 때도 많지만, 실패를 통해 성장하는 때도 많습니다. 그런데 여기서 반드시 확인하고 가야 할 부분이 있습니다. 그 실패가 우리 삶의 습관이 된다거나 의식조차 못 하는 기준이 되어서는 안 됩니다. 중요한 것은, 실패한 순간 내가 그것을 어떻게 처리하느냐에 달려있습니다.

충분히 실패할 수 있고, 당연히 실패할 수 있습니다. 그것이 내 삶의 상처이거나 나를 붙들어 매는 올무는 아닙니다. 하지만 실패가 습관이 되고, 되돌아볼 필요 없는 삶의 일상이 되는 것은 경계해야 합니다.

걸음마 하는 아이의 주저앉음과 엎어짐은, 그것으로 아이가 걸음을 포기하는 것이 아니기에 축복입니다. 그 아이는 다시 일어날 것이고, 결국 걸을 것입니다.

우리는 실패가 우리의 습관으로 자리 잡는 것은 거절해야 합니다. 우리는 넘어질 실력이고, 엎어질 실력이지만, 그 상태에서 일어나려 애쓰는 것이 은총입니다. 그 은총 임하면 우리는 반드시 일어납니다. 그리고 다시 넘어져도, 이전에 일어난 기억이 나도 모르게 영적 근육에 기억돼 또다시 일어납니다.

미끄러져 엎어진 상태에서 잠시 웅크리고 있으면 이 생각 저 생각

안 하니 편한 것 같으나, 땅바닥은 곧 점점 차가워져 우리를 떨게
하고 고통스럽게 만듭니다. 우리는 실패가 습관이 되지 않도록 일
어나고 또 일어나야 합니다.

5
장

민음으로
산다는 것

인간에 대한 사랑을 버리면, 하나님에 대한 사랑도 우리 가슴을 떠날 것입니다.
사랑을 포기하지 않기에 더 애절하게 사랑하는,
내 가슴 아프게 하는 이들을 더 애틋이 사랑합시다.

경건한 마음이
필요한 시대

삶이 참 불안정합니다. 변화도 빠르고, 변화에 대한 예측은 그 빠름의 속도를 증폭시켜 마음을 더 불안하게 만듭니다. 둘 중의 하나입니다. 변화를 따라잡느냐, 아니면 변화를 무시하며 살아가느냐입니다. 그런데 변화를 따라잡기에는 속도가 너무 빨라 내가 처질 것 같습니다.

변화를 무시하고 살기에는 변화가 너무 빠르고 힘이 세서, 무시하면서 편안히 내 방식대로 살지 못하고 무엇인가 폭탄 맞아 끝날 것 같습니다. 허겁지겁 따라가다가는 내 페이스를 잃어 다리가 꼬이고 넘어져 크게 다칠 듯합니다.

참 생각이 많아지는 주변이고, 우리 삶입니다. 모든 것이 안정적이지 못합니다. 성실히 수고하고 근면하면 어느 정도는 했는데, 이제는 그 정도로는 안 됩니다. 무엇인가 다르고 새로운 것을 생각하고 보여줄 수 있어야 존재라도 할 수 있을 것 같습니다. 요즘은 아이도 튀고, 청소년도 튀고, 청년도, 장년도, 늙수그레한 사람도 튀려고 합니다. 말부터 튀게 해야 뒤처지지 않을 것 같아서인 듯합니다. 요즘은 참 난감한 어투와 남 들으라고 대화하는 싸구려 문법과 언어가 가엾고 슬픕니다.

대부분이 불안정하니 감정 표현이 격해지고 강해집니다. 그냥 다 미치고 환장해가는 것 같습니다. 불안해서, 안정되지 못해서, 무서워서, 마음대로 안 돼서, 두려워서, 버둥거리는 삶의 비애입니다. 만약 이러한 시대 속에서 내 가정과 교회에서조차 마음 편치 못하다면, 어떻게 살란 말입니까. 그래서 우리는 이 악물고 우리가 가지고 있는 모든 힘을 다하여, 내 마음 내 가정 내 교회 내가 사는 삶의 작은 영역에서부터 안정과 평안을 찾아야 합니다.

이를 위해 필요한 것은 경건입니다. 우리는 눈앞의 현실을 보면서도 그 현실을 움직이고 운행하시는 주님을 바라보아야 합니다. 경건은 주님을, 주님의 마음을 바라보는 일입니다. 나를 절제하고, 주님의 꿈을 꾸며, 주님의 기쁨을 호흡하는 일입니다.

오해

인생의 슬픔과 고통 그리고 아픔과 눈물 대부분은 오해에서 비롯됩니다. 서로의 마음을 모르고, 보여줄 수도, 볼 수도 없는, 미망 속에서 그렇게 살다 떠나게 됩니다. 우리는 마음을 잘 전달할 수도 없고, 또 잘 전달받고 해석하여 받아들일 수도 없습니다. 각각의 모습대로 각각의 틀에서 해석하고 받아들여, 우리 삶은 슬픔의 강 건너고 아픔의 산 넘으며 흘러갑니다.

무엇보다 우리는 자신에 대해 잘 알지 못해 오해합니다. 나 자신이 누구인지, 어떤 사람인지, 어떻게 넘어지고 어떻게 일어나는지, 잘 알지 못하고 자신에 대해 오해하기 때문에 진실과 은혜에 접근하지 못합니다. 나 자신이 어떠한지 바로 알기만 해도, 우리는 보다 많은 삶의 은총과 기쁨을 누릴 수 있습니다.

우리는 우리 앞에 있는 인생, 인간에 대해 잘 알지 못해 오해합니다. 우리는 우리 자신의 화법과 어법으로 상대를 이해하고 해석하며, 내 마음의 방식으로 상대의 모든 것을 판단하고 결정해버립니다. 그리고 그것이 진리가 되어 그 어떤 다른 것도 용납하지 못하면서 자기 안에 갇히게 됩니다. 인생의 아픔과 분노와 증오 대부분은 오해이고, 오해는 결국 이해의 미숙에서 옵니다.

우리에게 또 중요한 것은 하나님에 대한 오해입니다. 하나님은 우리에 대해 별 관심 없고, 관여도 하지 않으시며, 내가 그 모든 것을 내 마음대로 생각하고 평가하고 결정하고 행동해야 한다고 생각합니다. 그리고 하나님이 마치 우리 일에 아무런 주권이 없으신 분처럼 여기는 때가 많습니다.

우리에게 또 다른 오해는 삶의 상황과 하나님의 역사와 섭리입니다. 인생의 모든 일, 내 삶의 상황, 스쳐가는 인간의 마음, 역사를 흐르는 장강에 숨은 모든 애환은 하나님의 역사와 섭리의 품 안에서 이루어지고 있습니다. 그런데 우리는 그 모든 것들이 하나님과 상관없이 이루어지는 것처럼 생각합니다.

오늘도 부끄러움 속에 간구하되, 만물을 통해 들려주시는 하나님의 세미한 음성 듣기 원합니다. 마음이 슬프고 아프시면, '내가 지금 무슨 오해를 하고 있구나'라고 생각하시고, 이해의 관점에서 나를, 내 앞의 사람을, 하나님을, 삶과 상황을 바라보면 기뻐질 수 있습니다.

소중한 인생,
소중한 하루

하나님이 선물로 주신 인생은 소중합니다.
그 인생을 이루는 삶도 소중하고,
그 삶을 구성하는 하루하루도 소중합니다.

거친 숨 몰아쉬며 숨 가쁘게 사는 이들,
호흡기에 의지하여 기적의 은혜를 기다리는 이들,
통증에 겨워 삶의 모든 느낌 잊기를 원하는 이들을 생각하면,
삶의 연민이나 잃어버린 것들에 대한 그리움은,
소화해내야만 하는 축복의 현재입니다.

하루하루,

순간순간,
단 한 번의 스침과 인연들은
우리에게 너무나 많은 것을 누리고 주고받게 하는
소중한 존재들입니다.

하루 동안에 할 수 있는 일도 많고,
한 번의 만남으로 이룰 수 있는 것도 많습니다.

사랑한다면, 이해할 수 없어도 사랑할 수 있다면,
삶은 의외로 숨쉴 만한 공간이고, 살만한 세상입니다.
그 마음 가지면, 우리 삶은 그 모든 장면이 소중히 그려지는
캔버스가 될 것입니다.

내 앞의 순간과 사람, 모든 것을 소중히 여겨야 합니다.
한 모금의 물을 마심도, 한 숟가락의 밥을 먹음도,
한 마디의 말을 발음하는 것도, 소중히 여겨야 합니다.
단 한 번의 몸짓도,
삶은 정원에 꽃을 피우는 단비가 되어야 합니다.

주께서 피 흘려 십자가에 피워내신 꽃은,
모든 인생을 구원하신, 사랑으로 이루신 생명의 꽃이었습니다.

내 가슴 아프고, 좁은 마음 상심해도,

인내로 사랑을 풀어낼 수 있다면,

주님이 피우신 꽃은,

내 가슴과 언어를 통해서도 피어날 것입니다.

나를 소중히 여기고, 내가 소중하기에 당신이 소중하고,

그래서 그와 그녀가 소중합니다.

오늘도 주님이 피 흘려 세우신 구속받은 생명, 인생, 삶, 하루를,

애틋이 여기며 살아갑시다.

하고 싶은 것
다 이루고
가는 삶

"진실을 붙잡고 있다면 조바심을 넘어, 끝까지 그 진실 앞에 자신을 돌아보며 기다리고 또 기다리라."

말처럼 힘없는 것이 없고, 말처럼 재앙이 많은 것도 없습니다. 말한 마디에 모든 것이 날아가기도 하고, 그 말 참지 못해 더 큰 수렁에 빠지기도 합니다. 언론의 자유는 아무 말이나 할 수 있는 자유가 아니라, 바르고 공정한 말을 할 자유입니다. 자유는 방종이 아니라 책임과 의무가 따르는 자율이라는 점을 우리는 어릴 때부터 배웠습니다.

요즘은 "그 사람 말 참 잘해."라는 말이 칭찬이 아니라 욕이 되어

버린 시대입니다. 그만큼 말만 난무하고 실천이 없는 시대이기 때문입니다. 더욱이 시류에 따라 자기를 가리고 익명의 숲에 숨어서 쏟아내는 말은 허무만 남깁니다. 우리는 번복하고 지키지 못할 말에 별 의미를 두지 않습니다. 말이 행위로 이어지고 그것이 반복될 때, 행위의 반복 속에 포함된 진실의 의미를 믿을 뿐입니다.

제 방 의자에 앉으면, 건너편 벽에 저절로 보이는 문구가 있습니다. "부패한 인생을 믿지 말라. 다만 그 순간의 진실을 소중히 여기라."

지키지 못할 말이지만, 그 순간이라도 소중히 여겨야 사랑할 수 있습니다. 우리 인생이 별것이겠습니까? 살면서 하고 싶은 말이 많습니다. 행동해서 이루지 못하니 말이 더 하고 싶을 것이고, 그래야 속이라도 시원할 것입니다. 그러나 그와 같은 삶의 반복은 나를 더 공허하게 만들 뿐입니다. 결국 허공에 대고 소리치는 나 자신을 발견하게 될 것이고, 고립과 고독 끝에 절규하는, 관객 없는 무대 위에서 흐느끼는 피에로를 볼 수 있을 뿐입니다. 뭔가 말하고 싶을 때, 그냥 묵묵히 그렇게 삽시다.

큰 언덕, 거대한 장벽은 침묵으로 돌파할 수 있습니다. 기도하고 또 기도하고, 해야 할 일 하다 보면, 기쁨이 나를 감격하게 합니다. 삶의 주변이 우리 가슴에 울화를 일으키기도 하지만 진실을 체화하는 삶의 행위는 그 울화를 넘습니다.

인생의 모든 일은 인간 뜻대로가 아닌 하나님의 뜻과 섭리대로 흘러갑니다. 큰 둑을 쌓아 물길을 가두고 돌릴 수는 있지만, 산 정수리에 떨어진 빗물은 결국 바다로 갑니다. 말은 허무하지만 진실은 우리를 치유해줄 것입니다. 진실을 붙잡고 있다면 조바심을 넘어 끝까지 기다리고 또 기다려야 합니다.

사랑을
포기하지
않음

한번 생긴 깊은 상처는 쉽게 낫지 않습니다. 한번 다친 마음도 쉽게 치유되지 않습니다. 마음의 상처는 피부의 상흔보다 더 오래갑니다. 그러나 이 둘 다 시간이 흐르면 서서히 옅어지고, 세월과 함께 흘러갑니다. 그것이 자연이고, 그것이 하나님의 섭리입니다.

가슴에 한을 갖는다는 것이 하나님의 뜻은 아니지만, 한 번 놀라 위축된 마음은 즉각 회복되지 않습니다. 벽돌은 두 장 허물었다가 다시 두 장 쌓으면 되지만, 인간의 마음은 허물어진 마음에 같은 분량의 벽돌을 쌓는다고 해도, 이전의 감정은 앙금처럼 남아있습니다. 인간은 이성적인 존재가 아니라 감정적인 존재이기 때문입니다.

다친 마음을 회복하는 데는 열 장 분량의 상처에 백 장 분량의 위로와 웃음이 있어도 쉽지 않습니다. 우리의 정서적인 면은 신경조직처럼 복원되지는 않는 편입니다. 하지만 우리는 하나님의 은혜와 기적과 재창조의 역사를 믿기에, 우리가 복원할 수 없는 신경조직이라 할지라도 하나님의 역사하심과 기적을 믿으며 기도합니다. 누가 뭐라 해도, 우리는 인간 그 이상을 믿으며 하나님께 기도하며 일어나는 그의 백성입니다.

마음에 난 구멍이 큰가 봅니다. 쉽게 마음이 가라앉지 않고, 선뜻 거리가 좁혀지지 않습니다. 마주하면 웃어도 돌아서면 쓸쓸해지는, 가슴을 휘돌아가는 바람의 서늘함을 느낍니다. 그래도 주님이 알려주신 마음의 방향은 분명히 알고 있습니다. 의지가 깊으면 그것이 정서가 되고, 자꾸 웃다 보면 정말 웃게 됨을 믿습니다. 고맙고 애틋한 이들이 사는 세상인데, 기쁨과 사랑을 버리고 슬픔과 눈물을 택할 이유 없습니다.

참 감사한 것은, 사랑을 버리고 싶지 않고, 그래도 사랑해야 한다는 생각입니다. 인간에 대한 사랑을 버리면, 하나님에 대한 사랑도 우리 가슴을 떠날 것입니다. 사랑을 포기하지 않기에 더 애절하게 사랑하는, 내 가슴 아프게 하는 이들을 더 애틋이 사랑합시다.

정말 시간과의
싸움입니다

전에 제가 모시고 있었던 목사님은 언제나 "인생은 시간 놀음이
다."라고 하셨습니다. 시간이 흐를수록 그 말씀이 맞는 것 같습니
다. 저도 여실히 느끼고 있습니다. 그때보다 조금 더 나이가 들어
드는 생각은 아닙니다. 한 걸음 앞서면 일부를 얻는 것이 아니라
전부를 얻기도 하고, 한 걸음 늦으면 일부를 잃는 것이 아니라 전
부를 잃기도 합니다.

시간에 따라 생각이나 사물의 의미가 전혀 달라지기도 합니다. 그
리고 이것을 얼마나 속히 깨닫고, 깨달은 것을 실천하느냐에 따
라, 소원의 성취 여부도 결정됩니다.

예수 믿는 사람 중에 자기 혼자 잘 먹고 잘 살자는 사람이 얼마나 되겠습니까. 비록 현재는 그렇지 못해도, 돌보고 배려해야 할 사랑의 대상과 눈물 있는 이들을 위해 도움이 되고 싶어 하는 사람이 대다수입니다. 그런데 살아가면서 우리 자신이 점점 미욱하게 느껴지는 것은, 마음의 선한 생각들이 생각에 그치고 우리 하나 살아가기도 힘든 심정을 느낄 때입니다.

내 삶의 꿈은 어디 가고 주님을 위해, 어려운 사람들을 위해 애쓰고 헌신하겠다던 믿음의 순수한 열정과 기대가 사라지고, 쫓기는 짐승처럼 삶의 황폐한 숲을 헤매는 자신이 몹시 슬퍼질 수도 있습니다. 그러나 우리가 예수를 믿는다는 것은, 배짱이 좋은지 뻔뻔한지, 절대 낙심치 않는 것입니다. 오히려 모든 이들이 낙심하는 상황 속에서도 우리는 주님을 붙잡고 다시 일어나 달려갑니다.

이제 우리 남은 날 수 헤아려보고, 남은 시간 수 세어보아야 합니다. 그리고 시간 배분을 하고, 효율 따지고, 이룸과 사용에 대한 계산과 함께 꿈을 그려야 합니다. 그리고 또다시 달려가야 합니다.

정말 시간과의 싸움입니다. 우리에게 만 년이 있다면 하루에 한 시간씩만 애써도 되지만, 우리에게는 만 년이 없습니다.

꽃 지고,
잎 나다

제 책상에 앉아 가끔 눈을 들어 바라보는 창밖의 요즘 전경은 꽃의 난무입니다. 어디를 보아도 흐드러진 꽃의 향연은 봄의 전성기가 우리 곁에 도래했음을 보여줍니다. 어제 그제 바람 불고 꽃잎이 비처럼 흩날려 사위를 덮었습니다. 공중에 달려있던 꽃잎들이 바닥에 수놓은 듯 온 세상을 덮고 있습니다. 봄은 이렇게 꽃 물결과 꽃 바람결에 흘러간다는 생각이 듭니다.

며칠 되지 않았는데, 그 꽃 속에 연녹색의 나뭇잎들이 보이기 시작합니다. 멀리서 바라보니 크기는 짐작할 수 없지만 아주 작은 잎들 같습니다. 아침 산책길에 본 길거리의 나무들도 작은 잎들을 달고 있었으니까요. 그 뾰족한, 하늘을 향해 아직 두 팔 벌리지 않은 잎들과 꽃봉오리들의 모습은 만개한 꽃이 줄 수 없는 또 다른 아름다움을 보여주고 있습니다.

꽃 피면 꽃 지고, 나뭇잎 나고, 나뭇잎이 커져 앞을 가리고, 그늘을 주고, 그 사이에 우리 삶의 세월은 또 하루를 지나고, 한 달 한 달과 1년을 지나게 될 것입니다. 연륜이 쌓이는 만큼 우리는 원숙해지고, 새로워지고, 든든해져서 물상을 편안히 볼 수 있습니다. 꽃이 비운 자리를 잎이 채우고, 푸른 잎이 채웠던 자리를 가을 물색 잎들이 채우고, 그 잎들이 채웠던 자리를 쌓인 눈이 채울 것입니다.

삶에는 일정치는 않아도, 항상 좋고 항상 나쁘지는 못해도, 그 시간마다 허락해주신 아름다움이 있고, 새로운 은혜가 있습니다. "때를 따라 아름답게 하셨다."라는 하나님의 섭리를 느낄 수밖에 없는 오묘함입니다. 주님은 환호 속에 그 백성을 위한 공생애의 행보를 진행하셨습니다. 아픈 자를 고치시고, 천국 복음으로 소망을 심어주시고, 고통의 무덤에서 풀어놓아 다니게 하셨습니다.

황량한 사막 같은 이 세상에 사랑의 향기와 진실을, 주장 아닌 사실을 통해 깨닫게 해주셨습니다. 그분의 걸음은 사랑이었고, 생명이었고, 인생들을 가엾이 여기시는 은총이었습니다. 그리고 오히려 잘못된 기대가 실망으로 돌아오는 모순 속에서 십자가에 못 박혀 돌아가셨습니다. 그러나 그 죽음은 끝이 아니고 부활로 이어졌고, 인간의 죄를 지고 돌아가심과 생명을 주심이었습니다.

꽃 지고 잎 나듯이, 주님은 순간마다 새롭고 영원한 아름다움과 은혜의 기운으로 다가오십니다. 그분이 무덤의 죽음 가운데서 생명의 부활로 임하셨듯, 우리도 삶의 고통과 시련의 무덤에서 예수의 생명 입은 자들로 부활하여 주님과 함께 기뻐할 것입니다.

주님은 나의 생명, 나의 소망, 나의 기쁨, 나의 부활입니다.

하나님이
우리를
부르실 때

누군가 우리를 부를 때 우리가 느끼는 감정은 무엇입니까? '아! 누군가 나를 아는 사람이 있나 보다' 혹은 '내게 무슨 화나는 일이 있어 항의하려는가 보다' '내게 상 주려나 보다' 같은 생각을 해볼 수 있습니다.

하나님이 우리를 부르실 때도 아마 위에 열거한 종류이거나 또 다른 이유가 있어서일 것입니다. 즉, 하나님이 우리를 부르실 때는 적어도 그냥 불러보는 때는 없을 것이란 말입니다. 어떤 종류이든 우리에게 중요한 용무가 있어서입니다. 그런데 살다 보면 하나님의 부르심을 우리가 종종 외면하거나 듣지 못하는 경우가 있습니다. 외면한 경우는 무엇인가 우리의 상태가 하나님의 소리를 듣기 싫어하는 때일 것이고, 듣지 못하는 경우는 하나님의 음성조차 소음 속에서 구별 못하는 혼잡한 상태일 것입니다.

우리 인생은 여기에서 문제가 발생합니다. 듣기 싫어서, 혹은 들을 수 없을 정도의 혼탁한 상태라서 하나님의 음성을 듣지 못했다고 합시다. 그 결과 우리에게는 어떤 영향이 올까요? 무엇보다 삶의 바른길에 대한 분별을 하지 못하고, 지금 무엇을 해야 하는지 결정이 어려워집니다. 우리의 모든 것 하나하나가 하나님 마음에 닿지 못하게 됩니다. 하나님 마음에 들지 않으니 우리 인생에 실패가 다가올 뿐입니다.

요즘 우리 삶을 들여다보며 느끼는 바가 있습니다. 지금도 하나님은 우리를 부르고 계신다는 사실입니다. 많은 사람이 그 부름에 응답하며 살아가고 있습니다. 하지만 더 많은 사람은 그 부르심에 귀를 막고 있습니다. 왜냐하면 그 음성을 들으면 괜히 내 생활이 불편하고 손해를 보게 될 것 같아서입니다. 아니면 하나님이 말씀하기 전에 내 의견을 분주히 늘어놓느라 하나님 말씀을 들을 시간이 없을 수도 있습니다. 하나님이 내게 굉장한 것을 요구하실 것 같아서 처음부터 귀 막고 외면하고 있는지도 모릅니다.

그러나 잊지 말아야 할 것이 있습니다. 우리 하나님은 결코 우리에게 손해를 끼치는 분이 아닙니다. 하나님의 부르심은 우리를 위한 부르심이며, 하나님의 요구는 우리에게 유익을 주기 위한 요청일 뿐입니다. 그러나 우리 인간들은 그것을 이해하지 못합니다.

"너 헌 옷 벗고 헌 신발 벗어라." 하면, 새 옷 주시겠다는 하나님의 의도인지 모르고 그저 우리의 옷이나 뺏는 분으로 여깁니다. "너 이 집 떠나라." 하면 더 크고 좋은 새집으로 가라는 하나님 뜻인데, 우리는 마치 우리 집을 빼앗으려는 말씀으로 듣는단 말입니다. 이유는 간단합니다. 우리는 죄악으로 인해 부패해 언제나 탐욕으로 살다 보니, '하나님도 그러하시겠지' 하고 지레짐작해서 그런 것입니다.

하나님께서 가끔 우리에게 무엇인가 요구하시고 부탁하실 때가 있습니다. 그때 우리는 하나님이 우리에게 무엇인가 필요해서라거나 손해를 끼치려 요구하고 부탁하신다고 생각해서는 안 됩니다. 하나님이 우리를 위하시는 분이라는 전제를 한다면, 이것은 얼마든지 다르게 해석할 수 있습니다. '아, 저 부탁으로 인해 나를 세우시고 또 내게 주실 무게를 달아보시는구나' 또는 '하나님이 이런 요구를 통해 더 큰 축복의 통로를 보여주시는구나' 하고 확신하는 것이 좋습니다.

하나님이 부르실 때, 하나님이 우리에게 무엇인가 요구하실 때, 그때는 우리에게 큰 기회이며 "예!"라고 대답할 축복의 때입니다.

마음을 스치는
손길을
기대하며

바닷가 모래사장을 걷다 보면 먼저 다녀간 사람의 자취를 발견합니다. 사람 이름을 크게 쓰고, "○○야 사랑해!"라고 쓴 낙서도 있고, "○○○은 내 것!"이라고 쓴 글도 있습니다. 두 사람 이름을 나란히 쓰거나 발자국, 모래성 쌓던 것, 이리저리 선 그은 것 등 나름의 사연이나 흘러간 추억과 그리운 마음의 흔적을 봅니다. 그러한 것들로 인해 모래사장은 각종 흔적으로 패이고 흩어지며 어지럽게 널려있습니다.

그런데 참 놀라운 것은, 저 멀리서 파도가 몰려와 모래사장을 한 번 쓸고 가면, 그 모래판은 깨끗이 지운 칠판처럼 정돈됩니다. 아무런 흔적도, 상처도 없는 깨끗한 모습만 남습니다.

살아가면서 우리는 이러저러한 상처도 받고, 아픔도 겪습니다. 누구나 체험하는 바람결의 흔적입니다. 그런데도 우리는 그것을 아파하며 살아갈 수밖에 없는 여리고 가련한 인생입니다.

아픈 추억 때문에 슬픔의 눈물을 흘리거나 그것을 마음속에 품어 가슴이 아픈 사람들. 잊지 못할 아름다움이 오히려 가슴 후벼파는 슬픔으로 남아 그것을 넘지 못해 고통스러운 심정. 이루지 못한 꿈이 아직도 남아 소망으로 나를 이끌지 못하고 한이 되어 꼬인 심정의 뒤틀림. 우리는 그러한 삶의 아픔과 상처로 인해 나를 괴롭히고 또 그것이 괴로워 다른 이를 괴롭힙니다.

내가 나를 해결하지 못하고 내가 나를 평온히 잠재우지 못할 때, 주님은 우리를 부르시고 우리에게 다가오셔서, 우리의 가난하고 불쌍한 심령을 품어주십니다.

우리를 비난하거나 책망하지 않으시고, 오히려 가엾이 여기셔서 그 마음 쓰다듬어 주십니다. 그는 상한 갈대 꺾지 않으시고, 꺼져 가는 심지 끄지 않으시는 분입니다.

이룰 수 없는 꿈과 사랑, 이루지 못한 내 삶의 소원, 상처로 패인 마음이라면, 주님의 자애로운 사랑의 손길로 치유하고 위로받고

힘 얻어야 합니다. 그의 손길이 우리 마음을 스치고 만져주시면,
우리 심정은 흐트러진 모래사장 위에 흰 물거품의 파도가 덮여 쓸
고 간 모래판처럼, 판판히 그리고 깨끗이, 그 어떤 흔적도 스친 적
없는 깨끗함으로 말끔히 정돈되어 다시 시작할 수 있습니다.

믿음의
사람은

믿음의 사람도 삶의 오르막과 내리막은 있습니다. 하나님은 그 두 가지를 병행하셔서 우리 인생이 교만하지 않게, 또 낙심하지 않게 하십니다. 삶이 힘들 때란, 하나님의 답답하심에 대해 속이 상할 때입니다. 상황의 꼬임에 대해 야속할 때입니다. 사람의 마음과 행동이 마음에 들지 않고 분노가 치밀 때입니다. 속히 되는 것 없고 기다리는 것도 지치고 싫어질 때입니다.

하나님 말씀이 귀에 들어오지 않고, 내 마음에 맞춘 해석이 연이어 일어나는 때입니다. 기도에 몰입되지 않고, 자꾸 내 생각의 고리 속에서 반복 회전을 하는 때입니다. 성령의 인도하심을 간구하기보다는, 내가 속히 무엇인가 행동하고 싶어지는 때입니다. 묵상하며 평안해지기보다는, 무엇인가가 불편해지고 불만이 넘치고 속이 상하는 때입니다.

이럴 때는 일단 생각을 끊고 전환하며, 하나님 선하신 뜻의 인도를 위해 나를 비워야 합니다. 왜냐하면 성령은 늘 우리 마음에 평안과 기쁨과 감격 그리고 사랑으로 임하시기 때문입니다. 그 순간의 고리를 끊고 성령의 인도하심으로 회귀하기 위해서는 속히 내 신앙의 기본과 하나님 백성의 기초가 무엇이었나를 생각하고 복귀하는 것입니다. 고리타분하고 무능해 보여도 그것이 진리고 하나님의 방법이고 최선이니 어쩔 수 없습니다. 우리는 하나님 말씀과 기도에 전념하며, 성령의 인도하심에 나를 맡겨야 합니다.

이때는 말씀을 듣고 묵상하고 기도하되, 무조건 회개하고 내 부족함과 허물을 발견해야 합니다. 하나님의 은혜 아래 나를 내려놓고, 눈물 철철 흐르는 고백이 있어야 합니다. 하나님이 두려워 벌벌 떨며, 그 하나님이 무서워 몸 둘 바 모르고 은혜로 회귀해야 합니다.

하나님 뜻이 없으면 나뭇잎 하나도 떨어질 수 없고, 풀 한 포기 꽃 한 송이도 필 수 없습니다. 믿음의 사람은 기도하는 것과 말씀으로 은혜받는 일에 온 힘을 기울이면, 힘든 비탈길에서 하나님의 손잡아주심으로 나도 모르게 그 봉우리에 올라 있게 됩니다. 하나님은 안 보이는 것 같아도 분명히 계시며, 그의 법과 계획을 정확히 이루십니다.

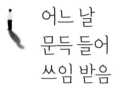

어느 날
문득 들어
쓰임 받음

이번 주 어느 날은 새벽기도회 때에도 덥다 느꼈습니다. 6월 말인데 한여름 무더위처럼 새벽부터 땀을 흘리는 것을 보니 더위가 매우 빨라졌습니다. 요즘은 조금 편히 지내려고 심방을 다녀와 목양실에서 일할 때는 넥타이를 풀고 지냅니다. 그런데 요사이 저 혼자 재미있어하는 한 가지를 체험하게 되었습니다.

제 옷걸이에는 여름에 편히 입을 수 있는 재킷이 두 개 걸려 있습니다. 2년 전 교회 바자에서 산 것인데, 올해까지 세 번 여름을 지나는 동안 한 번도 입지 않았습니다. 비싼 것이지만 3만 원 주고 샀고, 바자에 헌정했던 권사님이 선물하신 것도 있습니다.

목사이다 보니 여름이나 겨울이나 거의 양복을 입고 지냅니다. 그러니 평상복을 입을 기회는 드뭅니다. 매해 여름이면 입으려고 눈에 띄는 곳에 두기는 했는데, 여전히 안 입고 있었습니다. 그런데 올해 어느 날 기도회 올라갈 때 저도 모르게 그 재킷 중 하나를 입어보았습니다.

그런데 웬일인지 여태 걸어만 놓았던 그 재킷이 딱 맞는 느낌이었습니다. 어깨 부분이 좀 컸지만 얇고 가벼워 착용감도 색상도 마음에 들었습니다. 거울을 보니 캐주얼 재킷이지만 양복 느낌이 나서, 기도회 인도하는 데는 큰 무리가 없었고 품위도 있어 보였습니다. 무엇보다 시원했습니다.

우리는 마치 하나님이 우리를 외면하거나 돌아보지 않으시는 것처럼 묻혀 있을 때가 있습니다. 답답하고 외롭게 기다리고, 용도 없이 존재만으로 위로받기도 합니다. 그 시간이 길면 무기력해지기도 하고, 때로는 마음에 날이 서 분노가 지배하기도 합니다.

그러나 분명한 것은, 어느 날 문득 하나님이 우리 손을 잡으시고 그의 용도대로 사용하십니다. 내내 묻혀 있다 끝나는 줄 알았는데, 하나님은 유심히 보시고 때를 기다리고 계셨던 것입니다. 묻혀 있다가 문득 쓰임을 받습니다.

회개와
내려놓음

때로 우리 인생은 머리끝에서부터 발끝까지의 회개와 내 모든 것을 내려놓을 수 있는 결단이 필요합니다. 내 모든 것이 의롭다고, 내 모든 것이 논리적이고 합리적이라고 생각했기에, 우리는 이제까지 삶을 살아왔을 것입니다.

그러나 어느 날, 하나님 앞에 나 자신을 다시 들여다보고, 깨닫고, 씻어내고, 방향의 전환을 이루는 은혜의 때를 맞이해야 합니다.

아무것도 나를 주장하지 않고,
나의 맞음과 옳음과 의를 주장하지 않고,
모든 것을 원점에서 다시 시작해볼 필요가 있습니다.

하나님 앞에 의로울 수 있는 자는 아무도 없습니다. 우리의 의가 더러운 옷과 같았다는 것을 깨닫는 순간, 우리는 비로소 또다시 새로운 삶을 살아가게 됩니다.

우리는 우리의 이전 삶을 부정할 수 없습니다. 우리가 어떠했든 하나님이 인도해서 이루셨던 삶이니 부정할 수 없습니다. 하지만 그것을 딛고 일어서서 한 계단 더 오르는 은혜의 도약이 필요합니다.

우리 인생에서 한때 비약이라 생각했던 큰 변화 역시, 하나님이 인생을 인도하시는 한 걸음 한 계단이었음을 겸손히 깨닫게 될 것입니다. 이와 같은 것들이 쌓여, 우리 인생의 한 날 한 날이 벽돌처럼 하나님의 성읍을 쌓아갈 것입니다.

회개란 전기충격처럼 한순간에 찾아오지만, 그것으로 끝나지 않고 평생을 지속해서 낮아지고 내려놓아야 가능합니다. 도무지 낮아질 수 없는 인간이 낮아지고, 도무지 놓아지지 않는 자존심과 허영을 지속해서 내려놓음이 가능할 때, 하늘에서 비가 내리는 은혜의 역사가 이루어집니다.

빈 의자

간혹 늘 그 자리에 앉던 성도의 자리가 비어있을 때가 있습니다. 무슨 일이 있나 걱정도 하고, 어려운 일 아니기를 기도합니다. 늘 앉던 자리에 다시 앉아 있는 모습을 보면 마음이 편안해집니다.

늘 그 자리에 앉아 있던 분이 제 위치에 있는 것을 보면, 마음이 꽉 차는 것 같고, 그냥 흐뭇해집니다. 제 자리에 앉아 있다는 사실 자체가 설명하는 많은 의미를 되새깁니다.

성도란 주님의 시선이 머무는 사람들입니다. 주님의 마음이 머무는 곳에 함께 머무는 사람들이 성도입니다. 있어야 할 그 자리를 늘 지키는 사람입니다.

삶에는 바람 부는 때도 있고, 눈보라 휘몰아칠 때도 있습니다. 그래도 뿌리 깊은 큰 나무처럼, 꿋꿋이 그 자리를 지켜주는 성도가 되었으면 합니다. 벼락 쳐 가지 찢기고, 칼로 이름 파서 상처 주고, 괜한 헛손질로 욕하고, 침 뱉어도, 눈물을 뚝뚝 흘리면서도 그 자리에 묵묵히 있는 성도 되었으면 합니다.

겨우내 말라 바스락해진 가지일지라도
봄이 되면 또 예쁜 새싹들이 날 것이고,
꽃 피는 계절에는 화관을 쓸 것이며,
여름에는 무성한 잎사귀들과,
가을이면 열매 맺고 아름다운 가을 잎의 색채를 뿜어낼 것입니다.
이 모든 것이 그 자리를 꿋꿋이 지킨 자들에게 선물하는 축복입니다.

우리 삶이 얼마나 길다고,
우리 삶이 얼마나 그리 오래 살 것이라고,
굽이치는 애증과 오욕의 물결에 우리를 맡기겠습니까.
사랑하고, 용서하고, 애틋이 아끼며,
잔잔한 물가로 인도하시는 주님의 은혜를
폭풍우 속에서도 누릴 수 있는 성도되소서.

어울림

새벽기도 나오는 길에 비가 뿌렸습니다. 돌아가는 길은 비가 그쳤습니다. 아파트 앞 화단에 장미가 활짝 피어있는 것을 보았습니다. 장미 꽃잎에 빗방울이 맺힌 모습이 참 잘 어울린다고 생각했습니다. 이제 본격적인 장미의 계절인가 봅니다.

장미는 역시 꽃잎과 잎새에 빗방울 몇 개쯤 머금고 있어야 더 아름답습니다. 이 세상의 모든 것은 서로 결합해 잘 어울리는 것이 있는 것 같습니다. 전혀 어울리지 않는 것들이 함께 있으면 왠지 모르는 어색함이 느껴지지만, 썩 잘 어울리는 것들이 함께하면 아주 편안하고 좋은 느낌이 듭니다.

우리 믿음의 사람들이 살아가는 것도 마찬가지라 생각합니다. 우리 주변에 어울리는 사람들과 함께하면 자신도, 보는 사람도 편안함을 느낍니다. 하지만 믿음을 가진 사람으로 전혀 어울리지 않는 사람들과 함께하면 왠지 모를 어색함이 느껴집니다. 우리가 거하는 장소, 하는 일, 추구하는 꿈, 관심 가지고 집중하는 분야도 마찬가지입니다. 썩 잘 어울리는 것이 있고, 전혀 어울리지 않아 보기에도 불편한 것이 있습니다.

삶의 기쁨이나 성공 같은 것들도 우리에게 잘 어울리는 일과 배경 속에 거하느냐 그렇지 못하느냐에 따라 좌우됩니다. 특히 우리 하나님의 사람들은 삶의 색깔이 너무 선명히 드러나기 때문에 비교적 어울리는 일과 그렇지 못한 일들이 더 명확히 구분됩니다.

우리 삶의 시간이 그리 많은 것은 아니라는 생각이 듭니다. 누구를 만나고, 어떤 일을 하고, 무슨 생각을 하는데 시간을 투자하느냐는 매우 중요한 일입니다. 이 배분이 지혜롭게 이루어지지 못할 때 우리 삶은 실패의 길을 걸을 수밖에 없습니다. 우리는 이 배분과 투자를 정하는 데 있어서 성도의 삶과 잘 어울리는 것을 분별하여야 합니다.

아무리 피곤해도 우리 삶을 던져버리듯 쉽게 결정할 수는 없습니다. 잘못하면 평생 후회하며 길을 가게 됩니다. 지혜로운 사람은 결정은 신중하되, 한번 결정하면 후회하지 않으며 기쁨으로 그 길을 가는 사람입니다.

성도의 교제에 관한 문제를 자주 생각합니다. 이제 우리 교회는 하나님과 성도의 관계, 목사와 성도의 관계를 넘어서, 성도와 성도의 관계인 교제의 중요성이 매우 중요한 사안으로 떠오르고 있습니다. 어떤 성도와 만나 교제하고 어울리며 시간을 보내고, 도전받고 은혜받고 신앙의 성장을 이루는가는 매우 중요합니다. 또한 내가 그들에게 도전받고 은혜를 받는 것뿐 아니라, 나 자신의 모습을 돌아보는 것도 중요합니다. 우리 주변의 사람들에게 은혜와 기쁨을 주되, 쓸림과 상처를 주는 성도가 되어서는 안 됩니다.

우리 모두의 만남과 함께 있음이, 장미와 빗방울의 어울림처럼 아름다운 어울림이 되기를 바라고 기도하고 있습니다.

진보하는
성도

사람을 임의로 세 종류로 분류한다면 계속 성장하는 사람, 성장이 멈춘 사람, 점차 퇴보하는 사람으로 나눌 수 있습니다.

계속 성장하는 사람은 자신의 부족을 알고, 무엇인가 진보하기 위한 욕구와 노력이 있습니다. 또한 자기보다 나은 사람을 시기하는 것이 아니라 부러워하고 흠모합니다. 잘된 것은 정말 그렇게 되고 싶어 하고, 또 그렇게 되기 위해 애를 씁니다. 다른 사람을 칭찬하는 데 인색하지 않으며, 일정한 시간이 흐르면 믿어지지 않을 만큼 성장해 있습니다. 스스로 생각해보아도 내가 이렇게까지 될 줄 몰랐다고 느낄 만큼 발전합니다. 성장의 특징은 항상 기대와 상상 이상을 넘어선다는 데 있습니다.

성장이 멈춘 사람은 자신이 항상 최고인 줄 아는 착각에 빠져 있습니다. 자신과 다른 사람의 사고나 성향의 차이를 인정하지 않습니다. 모든 사람이 자신의 논리나 생각 속에 있다고 생각합니다. 다른 사람이 다 자기 생각을 인정하고 동조할 것이라는 어리석음에 빠집니다. 남이 하면 오해요, 자신이 하면 정당한 생각이라는 모순에 빠집니다. 항상 섭섭하고, 다른 사람에 대해 비판적이고, 자신은 똑똑하고, 다른 사람은 어리석습니다. 그러니 어디 배울 곳이 없고, 언제나 다른 사람을 가르치고 또 훈계해야 속이 시원합니다.

그 주변에서 점점 사람이 떨어져 나가게 되고 멀어집니다. 시간이 흐르면 결국 홀로 남게 됩니다. 그러나 정작 당사자는 그 순간에 이르기까지 전혀 눈치채지 못하다가 최악의 순간에 혼자 버려져 있음을 깨닫게 됩니다. 이때 느끼는 허탈함은 상상 이상입니다. 왜냐하면 그런 사람은 사실을 사실로 인정하지 않고 항상 허상 속에 살기 때문입니다.

가장 불쌍한 사람은 점차 퇴보하는 사람입니다. 이런 사람은 시간이 흐르면 흐를수록 점점 나빠집니다. 이들은 지독한 자기도취에 빠져 있습니다. 다른 사람이 싫어해도 싫어하는지도 모릅니다. '싫어하려면 싫어해 보아라. 나는 내 잇속만 차리면 되고, 내 기분만 좋으면 된다'라고 생각합니다. 그러나 실제 결산해보면 남는 것은 아무것도 없습니다. 잇속도 없을 뿐더러 나중에는 홀로 있는 수준을 넘어 버림받는 처지에 놓이게 됩니다.

정말 가엾은 것은 자신이 다른 사람을 가해하고, 늘 괴롭혔으면서도 자신은 늘 다른 사람을 돕고 이해했다고 생각하는 데 있습니다. 남이 싫어하는 일을 도맡아 하면서 그것을 사명이라고 생각합니다. 다른 사람이 안 하니 나라도 해야 한다는 엉뚱한 영웅심에 사로잡혀 있습니다. 심지어 진보하려는 아무런 노력도 기울이지 않습니다.

진보의 첫걸음은 자신의 부족에 대한 발견과 자기부정입니다. 나는 정말 부족하여 누구에게든 배워야 할 존재라는 것을 인정해야 합니다.

진보는 다른 이들에 대한 진정한 인정과 감사와 축복의 심정에서 비롯됩니다. 다른 이들에 대한 감사의 심정이 자리 잡지 않고는 내 교만이 사라질 수 없습니다. 다른 사람에 대한 인정 없이는 내 부족이 보이지 않습니다.

하나님 앞에 사는 사람은 다른 사람 앞에서도 사는 사람입니다.

우리의 진보는 하나님께도 인정받고 다른 사람에게도 인정받아야 합니다. 물론 약간의 시간이 필요합니다. 그러나 진실은 결국 인정받습니다. 진보하는 성도 되시기를 끊임없이 기도합니다. 진보하는 성도는 성자가 됩니다.

웃음과 소망을
찾는 교회

산에 가면 돌, 나무, 풀, 마른 나뭇잎, 벌레, 바닥을 덮고 있는 흙이 있습니다. 고개 들어보면 하늘이 있고, 수풀에 가린 바위도 있습니다. 그리고 그곳을 걷고 있는 '나'도 있습니다. 모두가 다르고, 모두가 다양하지만, 각기 다른 모습이 모여 대자연의 장관을 연출합니다.

나무만 해도 키 큰 나무, 키 작은 나무, 굵은 나무, 여린 나무, 그 나무를 감아 타고 오르는 덩굴들. 덩굴 때문에 움푹 홈이 패일 만큼 감기고도 하늘 향해 뻗은 의연한 나무들, 모두가 각양입니다. 얽히고설키면서 서로의 생명을 유지하고 합해지면서 자연이란 삶의 터전을 제공합니다. 말할 줄 몰라 그 자리에 우두커니 서 있거나 깔려 있는 것이 아니며, 벌레 먹히면서도 유구히 있습니다.

자연 속 개체의 침묵은 세상을 유지하는 함성이며, 그 속에 녹아 있는 힘은 대역 불가의 능력입니다. 삶의 시간이 쌓이면서 우리 인생들이 참 불쌍하고 가엽다는 느낌이 강해집니다. 버둥거리며 애써도 삶의 슬픔은 아직 있고, 그것은 '이 세상 끝까지'라는 점을 누구나 압니다. 범죄로 인해 낙원에서 추방된 인생에 주어진 짐이고, 그 극복의 과정이 구원인 것도 압니다.

슬프고 안타까운 것 또한 우리의 마음이고, 그 마음을 가진 것이 우리 인생이고 삶입니다. 이리 보아도 저리 보아도 세상에는 슬픔이 있습니다.

성도들의 가정과 삶을 보아도, 생성과 소멸 사이에 생로병사의 강을 건너는 그 모습은 위태합니다. 경제적으로 나아진다 한들, 삶은 끝없는 질병과의 싸움이고, 한순간에 모든 소유의 의미를 잃기도 합니다. 관계와 비교는 행복했던 순간까지 억울하고 우울하게 만들기도 합니다. 결국 우리 삶은 어느 정도 극복하고 얼마만큼 수용하느냐의 결정과 그 결정을 어떻게 받아들이는가입니다.

우리 모두 다른 형편이지만, 그런데도 함께 기쁠 수 있어야 합니다. 아무리 생각해도 결국 우리가 이룰 수 있는 근원적 기쁨은 마음의 기쁨이며, 영혼의 기쁨입니다. 그것은 예수 그리스도가 주시는 하늘의 기쁨이고, 영적 감동과 감격으로만 가능합니다. 그리고 우리는 그것을 사랑하는 교회에서 이루고, 이 땅 위에서 이루어야 합니다.

눈물 가진 이, 슬픔에 겨운 이, 삶이 너무 힘들고 지루해 잠 못 이루고 분노가 가슴을 채운 이, 이 모든 이들이 주님 앞에 나와 그 어루만져주시는 은혜와 사랑의 품에 안겨야 합니다.

예배드리고 기도하고 찬송하면, 그래도 세상은 살만하고, 다시 힘내서 달려갈 용기가 생겨야 합니다. 성도는 기쁘고, 행복해야 하며, 그 힘으로 사랑하고 누군가를 품어주는 성도 그리고 교회가 되어야 합니다.

교회는
어떤 곳이어야 할까?

교회는 건물이 아니라 인물입니다.
교회는 사람이 만든 조직이 아니라, 사람 자체입니다.
예수 그리스도를 마음에 주인으로 모시고, 내 주님으로 인정하는
삶을 살아가는 사람들이 모이는 곳입니다.

우리는 교회라고 하면 예배당 건물을 생각할 수 있으나 예배당은
사람들이 하나님께 예배드리는 거룩한 처소이고, 말씀으로 양육
받아 하나님 사람으로 성장하는 훈련의 장소입니다. 그러기에 이
지상에서 교회를 생각할 때, 교회란 개념은 사람들의 모습이 먼저
떠올라야 합니다.

사람들은 멀리서 그 예배당 건물만 바라보아도 가슴이 빛으로 채워지고, 슬퍼 흐느낄 때 기대어 위로받습니다. 우리는 그런 교회를 이루어야 합니다.

교회가 비록 이 세상에 존재하고, 세속에서 아직 성화되지 않은 인생들이 그 구성 인물들일지라도, 교회는 푸근하고 빛나며, 지친 영혼이 기대고 싶고, 쉬어가고 싶고, 힘을 구할 의지처입니다. 이제 우리 성도 한 사람 한 사람이 그러한 교회가 되어야 합니다. 교회의 공적 지향 역시, 이 세상에 위로와 치유와 소망을 주는 것을 목표로 삼아야 합니다.

생각만 해도 마음이 뭉클해, 어려울 때 뛰어가 빈 예배당에서 깊은 눈물과 흐느낌을 이루면 마음이 씻어지고 힘이 나는 교회. 무엇인가 내가 힘을 다해 열심히 살아 세상에 도움이 되는 교회. 내가 교회 열심이고 헌신을 이룬다면, 그것이 곧 하나님께 헌신하는 것과 등식의 관계가 이루어지고 행동이 하나되는 교회. 우리는 그러한 교회를 소망하며 기도해야 하고, 이루어야 할 것입니다.

우리 한번 애를 써보고, 우리 자신을 스스로 이루어봅시다. 주님께서 우리 한 사람 한 사람을 통해 그의 나라를 이루시는 데 쓰임받고, 우리가 그 나라의 주인이 되어봅시다.

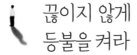

끊이지 않게
등불을 켜라

오래 믿음 생활을 하다 보면, 익숙해지고 유연해지는 것은 좋으나 무덤덤한 상태가 되기도 합니다. 처음 예수 믿을 때, 처음 직분 받았을 때, 처음 무엇인가 하나님께 의미 있는 헌신을 하였을 때, 우리는 그것이 너무 감격에 겨워, 가슴 벅차고 눈물이 흐르며, 무엇인가 정말 잘해보고자 하는 마음의 각오와 열망이 일어납니다.

성경 읽고 싶고, 찬송하고 싶고, 어딘가 남의 눈에 띄지 않는 곳이 있다면, 장소에 상관없이 그곳에서 중얼거리며 기도했습니다. 누구든 보면 가엾은 생각이 들어 그에게 빌립처럼 담대히 전도했고, 사마리아 수가성 우물가의 여인처럼 삶의 목표도 정서도 능력도 달라져 주님의 사람으로 살았습니다.

예배가 사무치고, 무엇인가 주님을 위해 하고 싶고, 살고 싶고, 내 주장은 아무 의미 없고 오직 주님의 뜻만 따르고 싶었습니다. 나 아닌 다른 사람의 어떤 모습도 이해되고, 되도록 그들을 기쁘게 해주고 싶고, 또 굳이 내 주장을 하고 싶지 않았습니다.

순종이란 말의 의미를 되새기며 하나님 말씀에 순종하고 싶고, 세워진 질서에 순종하고 싶고, 사랑으로 순종하여 누군가를 세워주고 싶었습니다. 그런데 살다 보니 어느새 나는 흔하게 흘렸던 눈물도 사라지고, 나를 주장하고, 내 마음대로 안 되면 섭섭한 지경을 넘어서 분노가 일어납니다. 기도하는 자리는 부담이 되고, 말씀은 내 가슴을 울리지 못하고, 봉사는 관성적으로 하며 이 모든 순간을 넘어갑니다.

감격 대신 익숙함과 다 해본 끝이라 내가 맞는다는 생각이 나를 지배합니다. 가슴에 성령의 영이 허락하시는 등불이 시들어가고 꺼진 상태입니다. 매 순간 감동과 감격이 없고, 기도하지 않아도 살 수 있고, 말씀이 나를 인도하지 않아도 살 수 있다고 생각합니다.

처음 장로 임직 때를 생각해야 합니다. 처음 권사 임직 때를 기억해야 합니다. 처음 집사가 되었던 때를 생각해야 합니다. 돌아와야 합니다. 우리 가슴속 등불을 다시 켜야 하고, 이제는 그 등불이

꺼지게 해서는 안 됩니다. 돌아오지 않으면, 우리는 결국 슬픔에 빠진 자가 될 수밖에 없습니다.

"끊이지 않게 등불을 켜되… 항상 여호와 앞에 그 등불을 보살펴게 하라."(출 27:20~21)

나는 행복했다,
그러나
편안하지는 않았다

"나는 행복했다, 그러나 편안하지는 않았다."

새벽기도 중 문득 떠오르는 생각이라 메모해 놓았습니다. 지금의 이곳에서 31년째 제 위치에서 지내오고 있습니다. 모든 시간을 돌아볼 때, 참 행복하고 감사한 시간이었습니다. 그러나 모든 것이 편안하지만은 않았습니다.

늘 부족함과 자책감 속에 지냈으며, 한계 속에 이르지 못한, 이르러야 할 지경을 사모할 뿐이었습니다. 열심히 해도 힘들었던 일 많았고, 힘이 들어도 잘 되지 않은 일 많았습니다. 모든 것이 늘 마음대로 이루어지지 않았고, 도움이 되지 못하고 오히려 어려움과 상처만 주었다는 생각에 마음이 무거웠던 때도 많았습니다.

결국 은혜란, 흡족지 못한 것조차 하나님의 은혜였음을 알고 받아들일 수 있는 것이었습니다. 어떤 일이든 잘 될 때도 있었으나 잘되지 못했던 때가 더 많았습니다. 이런 가운데도 구름 사이로 스치는 하늘의 푸름처럼, 때로는 희망과 소망으로 뛰는 마음이 있었습니다.

삶은 시련 속에서 구원의 은총과 가치를 깨닫고, 그 자비의 은총을 향해 손 내밂으로 이루어짐도 봅니다. 순간마다 기쁨이 있었고, 잘 결정해서 잘된 때도 있었으나 잘못 결정해서 큰일 났다고 생각할 때도 있었습니다. 그때 오히려 우리의 잘못을 덮고 잘 되게 하시는 주님을 깨달았습니다. 그래서 감사하고, 기뻤고, 행복했습니다. 하지만 삶의 한계를 해결하지 못하니 항상 편하지는 않았습니다.

삶이란 커다란 난관보다 예상치 못한 작은 문제가 더 힘들게 한다는 생각이 들었습니다. 사람이 큰 바위에 걸려 넘어지는 것이 아니라 작은 돌부리에 걸려 넘어지는 것처럼…. '행복했으나, 편안하지는 않았다'라는 비균형의 심정이 오늘도 기도하게 하고 자비를 구하게 합니다. 우스운 생각해보며 마음을 다잡고 오늘도 '한걸음에 뛰어오른다'라는 마음으로 또 하루를 맞습니다.

"행복했습니다. 그러나 편안하지는 않았습니다."

"편안하게 살았습니다. 그러나 행복하지는 않았습니다."

이 둘 중 어떤 방향이 내 삶이면 더 나을지 생각했습니다.

"주님, 자비를 베풀어주옵소서. 주님의 긍휼함이 없으면 한 걸음
도 갈 수 없나이다."라고 고백하며 살 뿐입니다.

바늘 끝

목사의 삶은 언제나 바늘 끝 위의 삶이구나 생각합니다. 제가 처리하는 일상의 일들이 대상자인 성도들에게는 너무 엄청난 일들이기에 때로는 '훅!' 하고 아찔해 가슴 조마조마해질 때가 많습니다.

얼마 전 제가 여행 중이었던 때입니다. 아내와 통화 중에 부탁 하나를 받았습니다. 어떤 어려운 결정을 앞둔 성도 한 분이 꼭 저의 답을 듣기 원하니 경황 중이라도 연락을 해야 한다고 했습니다. 직접 연락이 어려우면 자녀의 이메일에라도 답을 달라고 했습니다. 사안을 들어보니 "예" "아니오"라고 쉽게 답을 드릴 문제는 아닌 것 같았습니다. 아무래도 주변 정황을 살피면서 신중하게 풀어가야 좋을 듯했습니다.

전화로 대화를 나눌 수 있었습니다. 정말 어려운 문제였습니다. 그런데 정말 제 가슴을 얼어붙듯 서늘하게 만든 것은 대화하면서 감지한 성도님의 확고한 결심 때문이었습니다. "저는 작정하고 기도한 후에 마지막으로 목사님께 문의한 후 목사님의 대답을 하나님의 응답이라 믿고 그대로 실행하기로 했습니다."라고 하셨습니다. 그 말씀을 듣고 나니 정신이 번쩍 들었습니다. 가부 결정을 묻는 그 질문에 저는 선뜻 대답할 수 없었습니다. 물론 답은 이미 나와 있었지만, 그 답이 제가 사랑하는 성도를 고난 속으로 밀어 넣는 것이었기 때문입니다. 목사의 말 한마디가, 비록 그것이 옳다고 할지라도, 성도를 고난의 장으로 몰아넣는데 마음 편할 목사가 어디 있겠습니까.

도저히 안 되겠기에 제가 한 번 더 기도하고 다시 전화드리겠다고 한 후 깊은 생각에 잠겼습니다. 그 성도의 문제뿐 아니라 저 자신에 관한 생각도 동시에 할 수밖에 없었습니다. '너는 과연 기도의 응답이라고 네 말을 기다리는 성도의 물음에 답해줄 자격이 있는가? 그 성도는 네 말 한 마디에 고난의 강을 향해 스스로 달려갈 터인데 너는 그 성도를 고난에 빠뜨릴 자격이 있느냐? 네 삶은 그 성도를 능가할 만큼 지금도 복음을 위해 고난받고 있는가?' 하는 질문들이 어지럽게 스쳐갔습니다.

얼마의 시간이 지난 후 다시 전화를 드려 주변부터 거슬러 올라가 원래 문제에 대한 답을 드렸습니다. 정말 가슴이 아팠습니다. 그런데 그분은 "제 아이들도 목사님께 물어보면 어설프게 타협하지 않고 그렇게 답하실 것이라고 했어요." 하며 오히려 시원해하시는 것 같았습니다. 제가 다른 대답을 했으면 본인이 실망했을 것 같은, 목소리에서 결연한 의지가 느껴졌습니다. '내가 이 성도의 시험에 합격한 셈인가?' 하는 마음이 들 정도였습니다. 그러나 그것도 잠깐이고 앞으로 그 성도에게 닥칠 고난을 생각하니 저절로 기도할 수밖에 없었습니다.

그때 든 생각이 '정말 목사는 바늘 끝 위에 서 있는 존재구나, 조금이라도 의연히 있지 못하면 많은 사람이 엉뚱한 어려움을 겪겠구나' 하는 것이었습니다.

어려워도 가치 있는 어려움 겪게 하고, 쓸데없는 어려움 강요하지 않고, 가야 할 바른길 제시해 최선의 기쁨 얻게 해야 할 바늘 끝 위의 목사를 위해 많은 기도 부탁드립니다. 능력이 없어서 그렇겠지만, 때로는 즐겁기도 하고, 때로는 콧등에 땀 날 만큼 어렵기도 합니다.

가야 할
곳

11박 12일의 일정으로 성지 순례를 떠났습니다. 길 수도 있고 짧을 수도 있는 일정이었지만, 모두 단단히 채비하고 온 것 같습니다. 나름대로 가방 하나씩 갈아입을 옷, 필요한 도구, 이런저런 준비를 했습니다.

성지 순례 가는데도 이렇게 가방 하나씩 준비하고 가는데, 하나님 나라 갈 때는 무슨 준비를 얼마나 할 것인지 생각했습니다. 11박 12일과 비교할 수 없는 긴 기간인데, 우리는 어떻게 준비해야 하나 생각합니다.

날씨, 화폐, 잠자리, 약 준비, 이것저것 궁금해서 묻는 분들이 많았습니다. 한국에서 쓰는 화폐는 여기에 도착해서는 쓸 수 없습니다. 따로 준비해야 합니다. 하나님 나라에서 쓰는 화폐도 다를 것입니다. 사랑이란 화폐, 충성이란 화폐, 봉사와 헌신이란 화폐, 용서와 이해란 화폐, 나눔과 베풂이란 화폐, 내 가슴 아프며 참고 인내한 화폐, 하나님 나라를 이루기 위해 참고 애쓴 화폐는 천국에서 사용할 수 있을 것입니다. 미움, 시기, 질투, 분노, 기분대로, 통장 잔액, 창고에 쌓아둔 화폐는 사용할 수 없습니다.

말도 달라졌습니다. 아무리 우리나라 말을 해도 이곳 사람들은 "안녕하세요, 감사합니다."밖에 모릅니다. 우리도 이 세상에서 천국 말을 할 줄 아는 것은 그것밖에 없는 것 아닌가 생각합니다. 반갑게 인사하는 것, 진심으로 감사하는 것, 그리고 이제는 천국의 언어들을 더욱 많이 배워야 천국 가서 의사소통될 것 같습니다.

사랑과 이해의 언어,
용서와 세움의 언어,
다른 이들을 기쁘게 하는 언어,
겸손의 언어,
하나님의 영광 구하는 언어,
하나님을 기쁘게 하고 찬송하는 언어.

옷도 갈아입고, 사용하는 도구인 화폐도 바꾸고, 통용되는 말도 바꾸고, 적응 준비도 하고, 성지 순례보다 긴 천국에 살기 위해 우리는 새로운 준비를 많이 해야 합니다. 지혜로운 처녀는 등불을 켤 기름을 준비하지만, 미련한 처녀는 준비하지 않습니다. 천국의 백성은 천국 갈 준비를 해야 합니다.

내 삶을
대표하는
한마디

어머니

당신은 따스한 분이셨고

당신은 강인한 분이셨습니다.

모든 것이 풍족했던 순간에도 당신은 겸손하셨고

모든 것이 어려웠던 순간에도 당신은 의연하셨습니다.

지나가는 행상인을 때 찾아 대접하셨고

데인 상처 감추어 치료하시면서도

자식들 새벽밥 쉬지 않으셨습니다.

기쁠 때 사람들을 배려해서 웃으셨고

슬플 때 표시 날까 가리셨던 당신을 생각하며

당신처럼 어떤 순간에도 나대지 않고 묵묵히 삶을 헤쳐나가겠습니다.

어머니 묘비에 새긴 비문입니다. 어버이날에 어머니 생각이 많이 나 비문에 새겼던 글 다시 꺼내 봅니다. 먼저 떠나신 성도님 생각하며 몇 줄 기록하곤 합니다. 그분 회상하면 떠오르는 인상이 있고, 추억이 있어 글로 옮기고 있습니다. 목사로서 늘 기도 속에 동행하던 분들이라 감회가 깊고, 특별한 기운과 느낌이 있습니다.

요즘은 앞으로 뻗어 나아갈 길도 바라보지만, 지나온 길 돌아보며 무엇으로 남을 것인지도 생각하고 있습니다. 삶이란 끊임없이 새로운 벽돌을 굽는 일도 중요하지만, 이미 찍어놓은 벽돌로 지어야 할 집을 짓는 일도 필요합니다. 시작과 발전의 때가 있다면, 조합과 마무리의 때도 있는 것이지요.

제 삶 정리할 때 한마디로 남을 문구는 무엇이며, 그 말이 제게 합당한지도 고민합니다. 시간이 얼마가 될지 모르지만, 우리는 반드시 주님 계신 나라로 가게 됩니다. 그때 이 세상에 어떤 생명의 능력으로 남을 수 있을지 묵상합니다.

세상에 태어나 알고 지냈던 모든 이들에게 사랑과 따스함, 그리움으로 남기 소원합니다. 이 세상 모두에게는 아니어도, 마음을 나누었던 몇몇 가슴과 저 땅끝 누군가에게 온정으로 남을 한마디, 오늘 수첩에 적습니다.